Oliver Geisselhart | Helmut Lange

MANNIS GELD

AF203048

Oliver Geisselhart | Helmut Lange

MANNIS GELD

Mit Wortbildern hundert und mehr Businessenglisch-Vokabeln pro Stunde lernen

Bibliografische Information der Deutschen Nationalbibliothek
Die Deutsche Nationalbibliothek verzeichnet diese Publikation in der Deutschen
Nationalbibliografie. Detaillierte bibliografische Daten sind im Internet über
http://dnb.d-nb.de abrufbar.

Für Fragen und Anregungen:
info@mvg-verlag.de

Originalausgabe, 1. Auflage 2018

© 2018 by mvg Verlag, ein Imprint der Münchner Verlagsgruppe GmbH
Nymphenburger Straße 86
D-80636 München
Tel.: 089 651285-0
Fax: 089 652096

Redaktion: Petra Holzmann, München
Umschlaggestaltung: Laura Oswald
Umschlagabbildung: Ralph Bittner, München
Innenillustrationen: Braunie
Satz: Daniel Förster, Belgern
Druck: Druck: Florjancic Tisk d.o.o., Slowenien
Printed in the EU

ISBN Print 978-3-86882-912-9
ISBN E-Book (PDF) 978-3-96121-186-9
ISBN E-Book (EPUB, Mobi) 978-3-96121-187-6

Weitere Informationen zum Verlag finden Sie unter

www.mvg-verlag.de

Beachten Sie auch unsere weiteren Verlage unter www.m-vg.de

100 oder 200 Vokabeln in nur einer Stunde lernen ...

... und das auch noch bei schwierigen Businessenglisch-Vokabeln? Das kann doch nicht klappen, oder? Doch, es klappt – und zwar besser, als die meisten denken!

Alle fünf bisher erschienenen Bücher (*Schieb das Schaf – mit Wortbildern hundert und mehr Englischvokabeln lernen; Liebe am O(h)r – mit Wortbildern hundert und mehr Spanischvokabeln lernen«; »Lutsche das Licht – mit Wortbildern hundert und mehr Italienischvokabeln lernen«; Wasch die Kuh – mit Wortbildern hundert und mehr Französischvokabeln lernen* und *Kaputt ist der Kopf – mit Wortbildern hundert und mehr Lateinvokabeln lernen*) haben es bereits eindeutig bewiesen. Die Resonanz war unglaublich. Der Erfolg ebenso. *Schieb das Schaf* war bei Amazon sogar auf Platz 1 in der Gesamt-Bücher-Bestseller-Liste. Also war es der bestverkaufte Buchtitel von damals über 10 534 000 verschiedenen lieferbaren Titeln bei Amazon! Es hielt sich wochenlang in den Top 100. *Liebe am O(h)r* schaffte es auf Platz 6. Was wir ziemlich witzig fanden. Platz 6 für ein Buch mit »Liebe« im Titel! Dazu landete es mehrfach auf Platz 1 in den Fach-Bestseller-Listen. Genauso belegten *Lutsche das Licht*, *Wasch die Kuh* und *Kaputt ist der Kopf* mehrfach Platz 1 der Fach-Bestseller-Listen bei Amazon. Die Mails, Leserrezensionen und Dankesschreiben, die wir erhielten, überstiegen unsere kühnsten Träume: von Eltern, die sich freuten, weil ihre Tochter eine Eins im Vokabeltest geschrieben hatte; von älteren Herrschaften, die ihr Englisch, Italienisch oder Französisch auffrischen wollten; von Business-Menschen, die Englisch oder Spanisch lernen mussten; von Schülern, Studenten, Hausfrauen und -männern, Azubis, Arbeitern, Verkäufern, Ärzten und Vorständen. Schlicht: von Menschen, die lernen mussten oder wollten, oder Leuten, die einfach nur Spaß mit den lustigen Verbilderungen hatten – aus allen Schichten, aus allen Altersgruppen, für unterschiedlichste Anwendungen.

Schon das erste Buch *Schieb das Schaf* schob bereits viel positives und überwältigendes Feedback in unsere Büros. Wir waren damals überrascht und bestätigt zugleich. *Liebe am O(h)r* setzte das Ganze fort, und *Lutsche das Licht* toppte es noch. Ein Rezensent bei Amazon wollte dem Buch gerne sechs von fünf möglichen Sternen geben! Und über *Wasch die Kuh* und vor allem *Kaputt ist der Kopf* freuten sich Tausende Schüler und Sprachenlernende, die Französischvokabeln beziehungsweise Lateinvokabeln nun leichter und mit Spaß behalten. Dass sich solche »Vokabelbücher« gut verkaufen würden, davon waren wir überzeugt. Der Verlag auch. Dass die Bücher aber gleich so einschlagen, damit hatte keiner gerechnet.

Helmut Lange und ich, Oliver Geisselhart, mussten sogar unser Vortrags- und Seminarangebot ausweiten. So gibt es jetzt einen extra Vortrag zum Vokabelthema. Firmen buchen uns, um Mitarbeiter zu coachen – denn so effektiv haben die noch nie gelernt. Es ist klar machbar, in nur vier Stunden 400 Englisch-, Spanisch-, Italienisch-, Französisch-, Latein- oder Vokabeln anderer Sprachen (egal welcher!) dauerhaft im Gedächtnis der Mitarbeiter zu verankern! Schulen und Universitäten laden uns ein. Der Höhepunkt aber war sicher der Deutsche Schulleiterkongress im März 2012 in Düsseldorf. Dort durfte ich einen Vortrag vor über 1000 Schulleitern halten. Wir haben bei einem solchen Publikum eher mit etwas Skepsis gerechnet. Aber nein, die Schulleiter haben unsere Methode mit offenem Geist angenommen. Und: Sie waren begeistert! Der Run auf *Schieb das Schaf* (die weiteren Titel wurden erst danach veröffentlicht) im Anschluss an den Vortrag war gigantisch. Auch wurde dort von den meisten Teilnehmern der Wunsch nach weiteren Büchern dieser Art geäußert. Am meisten nachgefragt wurden Spanisch, Italienisch, Französisch und – wie kann es an Schulen anders sein? – Latein! Um den zahlreichen Anfragen nach Vokabellernbüchern zu eben diesen Sprachen nachzukommen, haben wir im August 2012 *Liebe am Ohr – mit Wortbildern hundert und mehr Spanischvokabeln lernen* sowie im Mai 2013 *Lutsche das Licht – mit Wortbildern hundert und mehr Italienischvokabeln lernen* auf den Markt gebracht. Und im August 2013 erschien dann schon *Wasch die Kuh – mit Wortbildern hundert und mehr Französischvokabeln lernen.* Dann gönnten wir uns doch mal eine kleine Vokabel-Auszeit, um allerdings ein Jahr später, im August 2014, *Kaputt ist der Kopf – mit Wortbildern hundert und mehr Lateinvokabeln lernen* zu veröffentlichen.

Businessenglisch wollten wir beide schon immer gerne machen. Aber unsere Speaking- und Trainingsaufträge ließen uns leider (oder zum Glück) die letzten drei Jahre keine Zeit. Anfang 2017 ging es dann doch endlich los mit Businessenglisch. Und so entstand *Mannis Geld – mit Wortbildern hundert und mehr Businessenglisch-Vokabeln pro Stunde lernen.* Und das halten Sie gerade in Händen. Wir sind gespannt, wie es mit diesem Buch vorangeht.

Wer *Schieb das Schaf, Liebe am O(h)r, Lutsche das Licht, Wasch die Kuh* oder *Kaputt ist der Kopf* bereits kennt, kann einige Teile dieser Einführung gerne noch einmal wiederholen. Wiederholung schadet ja bekanntlich nicht. Sie muss aber wahrscheinlich gar nicht sein. Schauen Sie einfach mal. Andererseits werden Sie auch hier in der Einleitung die ersten hundert Businessenglisch-Vokabeln lernen. So ganz nebenbei. Und mit Spaß. Ein paar Ausführungen kennen die *Schaf-*, *Liebe-*, *Lutsche-*, *Wasch-* beziehungsweise *Kaputt*-Fans schon. Genauso wie die Erklärung der Lerntechnik im Allgemeinen. Sie haben also nach der Lektüre nicht nur die circa 800 Businessenglisch-Vokabeln gelernt, sondern auch die La-Geiss-Technik. Damit lernen Sie Vokabeln jeder Sprache effizient, schnell und dauerhaft.

Ein paar Anmerkungen noch

Wie bei allem, was erfolgreich ist, gibt es auch bei unseren Vokabelbüchern »Motzer«. Nicht jeder ist davon begeistert. Und das zu Recht. Wer zu hohe Erwartungen hat, kann enttäuscht werden. So gibt es auch Rezensionen von unseren Vokabel-Büchern, die leicht negativ sind. Dem einen gefallen die Vokabeln nicht, dem anderen sind nicht genug Spezialbegriffe dabei. Deswegen der Hinweis: Diese Buchserie hatte noch nie den Anspruch auf Vollständigkeit. Wie denn auch? Es sind ja »nur« 1500 Vokabeln in den ersten fünf Büchern und hier nur 800, dafür aber auch speziellere Businessvokabeln. Es sind also niemals alle Vokabeln der jeweiligen Sprache. Wie sollen wir denn da genau die treffen, die der eine Leser jetzt gerade lernen möchte? Vielleicht kennt er 200 davon ja schon. Und weitere 200 braucht er gar nicht. Dann hat er etwas Pech und kann »nur« mit 400 Vokabeln etwas anfangen.

Meine (Oliver Geisselharts) und auch die Herangehensweise meines Mitautors Helmut Lange ist hier eine andere. Wir sind generell positiv eingestellt. Wir freuen uns über das, was klappt, und über Erfolge. Wir würden uns freuen, 400 Businessenglisch-Vokabeln in nicht einmal fünf Stunden dauerhaft abgespeichert zu haben. Und wenn dann Vokabeln dabei wären, die wir nie benötigen? Ja und, wahrscheinlich kennen Sie im Deutschen auch Wörter, die Sie nie benutzen. Der eine fängt gerade erst an, eine Sprache zu lernen, der andere spricht sie schon ziemlich gut. Welche Vokabeln jetzt also nehmen? Der eine will nur eine Hilfe für den Job, unterteilt in »Auf Reisen«, »Verhandlungen« oder »Bankgespräche« und so weiter. Die andere will möglichst alle Vokabeln und das alphabetisch. Wie soll das gehen? Wir wollen Anregungen geben: zum Selbst-Anwenden ermutigen, Sie darin bestärken, dass Vokabellernen Spaß machen und einfach sein kann.

Und so haben wir unser Bestes gegeben. Herausgekommen ist eine ganze Vokabelbuchreihe. Freuen Sie sich also vor allem über die Technik. Mit der lernen Sie in Zukunft nämlich die Vokabeln jeder beliebigen Sprache schnell, sicher und mit Spaß.

Die »La-Geiss-Technik« geht übrigens zurück auf die »Schlüsselwortmethode«. Diese ist Bestandteil allgemeiner Gedächtnistechniken, die vom griechischen Dichter Simonides von Keos (557/556 v. Chr. bis 468/467 v. Chr.) erfunden wurde. Wir haben die Schlüsselwortmethode weiterentwickelt, und zwar um Aussagen und entsprechende Fragen dazu, die das Gedächtnis noch mehr anregen. Dadurch lernen »La-Geiss-Technik«-Benutzer noch einmal effektiver und schneller. Die ersten 100 Vokabeln sind so aufgebaut. Bei den restlichen 700 erhalten Sie die Aussagen und Wortbilder beziehungsweise -filmchen und können so die entsprechenden Fragen im Geiste ganz einfach selbst stellen.

Vokabellernen leicht gemacht

Sie wollen VIELE Vokabeln in kurzer Zeit dauerhaft abspeichern? Sie wollen also 100 oder gar 200 oder noch mehr Vokabeln in nur einer Stunde lernen? Sie wollen dabei auch noch Spaß haben und sich amüsieren?

Vergessen Sie es! Das schaffen Sie nie! Das heißt: Das schaffen Sie nie mit den Lerntechniken, die Sie in der Schule beigebracht bekommen haben. Apropos: Lerntechniken – in der Schule? Haben Sie dort denn überhaupt gelernt, WIE Sie lernen sollen? Also ich nicht. Ich wusste nur, DASS ich lernen sollte. Aber eben nicht, WIE. Und so geht es 99,9 Prozent aller Menschen im deutschsprachigen Raum.

Ein Beispiel: Am Ende eines Gedächtnistraining-Vortrags kam ein Teilnehmer an den Signiertisch und wollte mich sprechen. Er sagte, er habe große Probleme damit, Fremdsprachen zu lernen. Wenn er eine neue Vokabel gelernt habe, vergesse er sie schnell wieder. Ich fragte ihn, wann er sie denn nicht mehr wüsste: nach zwei Tagen oder nach zwei Wochen? Daraufhin meinte er: »nach zwei Sekunden!« Da musste ich ein Schmunzeln unterdrücken. Denn dann hatte er die Vokabel wahrscheinlich nicht wirklich gelernt.

Solche Begebenheiten erleben Helmut Lange und ich, Oliver Geisselhart, immer wieder bei Vorträgen oder Seminaren. Die allerwenigsten Menschen können gut, sicher, schnell und dauerhaft Vokabeln lernen. Selbst Schüler, die ja voll im Training sind, lernen zwar bis zu 50 Vokabeln in einer Stunde, aber behalten diese meist nur bis zur Klausur im Gedächtnis. – Sie haben sie also nicht wirklich effektiv gelernt.

Was also tun?

Ganz klar: mit der richtigen Technik Vokabeln lernen! Und auf einmal geht es, ist es leicht, macht es sogar Spaß! Hört sich komisch an, ist aber so!

Sie sind nicht zu alt!

Nein, auch wenn Sie jenseits der dreißig sind, selbst wenn Sie jenseits der siebzig sind, funktioniert diese Lerntechnik bei Ihnen. Die einzige Voraussetzung ist: Sie sollten geistig normal gesund sein. Ihr Gedächtnis wird im Alter nicht schlechter, zumindest nicht spürbar. Ihr Gedächtnis wird nur schlechter, wenn Sie es nicht mehr benutzen. Wenn Sie allerdings auch im Alter noch geistig rege bleiben und sich etwas fordern, bleibt Ihr Geist sehr leistungsfähig. Gut, gemäß der Wissenschaft werden Sie etwas, aber auch wirklich nur etwas langsamer, ansonsten sind Sie genauso leistungsfähig wie jüngere Menschen. Was noch wichtiger ist: genauso lern- und wachstumsfähig!

Dominic O'Brian (geb. 10. August 1957) wurde achtmal Gedächtnisweltmeister, zuletzt mit 44 Jahren. Würde er heute (2018) mit 60 Jahren bei der Weltmeisterschaft mitmachen, hätte er wohl noch immer gute Chancen. Aber wollen Sie Gedächtnisweltmeister werden? Die meisten Menschen vermutlich nicht. Gedächtnissportler merken sich zum Beispiel 2280 Zahlen in nur einer Stunde (Wang Feng aus China) oder 1456 Karten in der richtigen Reihenfolge (Ben Pridmore aus England). Boris Nikolai Konrad aus Deutschland merkte sich im Jahr 2015 sage und schreibe 215 Vor- beziehungsweise Zunamen und die entsprechenden Personen dazu in nur 15 Minuten! Gut, das braucht eigentlich kein Mensch, aber diese Gedächtniskünstler können es! Und beweisen damit eindrucksvoll, welche Leistungen unser Gedächtnis vollbringen kann. Und wenn Sie nur einen Bruchteil davon hinbekommen, reicht es für Otto Normalverbraucher meist schon. Und einen Bruchteil schaffen Sie locker!

Du bist auch nicht zu jung!

Auch wenn du gerade erst mit der Schule beginnst, funktioniert diese tolle Lerntechnik bei dir ebenso. Die junge Lara Hick stellte mithilfe dieser Technik im Jahr 2004 in der Gruppe der Acht- bis Zwölfjährigen einen Weltrekord auf: Sie merkte sich **in nur fünf Minuten 42 Vokabeln!** – Das wären nach Adam Riese ganze **504 Vokabeln in nur einer Stunde! Anna Barwinski schaffte 2011, in der Gruppe der 13- bis 17-Jährigen, sogar ganze 67 Vokabeln in nur fünf Minuten: 804 pro Stunde!!! Gut, wahrscheinlich würden beide das Tempo nicht eine ganze Stunde halten können. Dann schafft Lara eben »nur« 300 und Anna vielleicht »nur« 500. Ich find's trotzdem cool.**

Unglaublich? Natürlich! Aber wer kein Handy kennt, findet es auch unglaublich, dass man damit mit Menschen sprechen kann, die Tausende Kilometer weit weg sind. Du wirst gleich bei der ersten Übung merken, dass es auch bei dir funktioniert: Du merkst dir sofort circa 20 Vokabeln in nur vier bis fünf Minuten!

20 Vokabeln in 5 Minuten

Okay, legen wir los. Just do it!

Lesen Sie den unten stehenden Text aufmerksam durch. Stellen Sie sich jede der zehn Szenen bildhaft vor. Auf der Leinwand

Ihres Kopfkinos sollten Sie die Situationen so sehen, als hätten Sie sie gerade eben tatsächlich beobachtet. Am besten funktioniert das, wenn Sie direkt nach dem Lesen jeder Szene die Augen schließen. Verweilen Sie pro Szene beziehungsweise Bild circa fünf bis zehn Sekunden. Lassen Sie auch die Gefühle zu, die Sie hätten, wenn Sie die Szene in Wirklichkeit erleben würden. Wenn Sie alle zehn Szenen verbildert haben, werden Ihnen Fragen gestellt, die Sie dann beantworten sollen.

Nun geht es los:

1. Eine **Brosche** (brochure) hängt am **Prospekt**.
2. Der **Generaldirektor** lacht sich **schief** (chief).
3. Der **Markenname brennt** (brand).
4. Ich **hebe** einen Sack **Reis** (raise) an.
5. Das **Fohl**en (fall) **sinkt** im Moor.
6. Es geht im **Staat** total **ab** (start-up), weil sehr viele **Neugründungen** entstehen.
7. Ich nehme **die** (Farbe) **Weiß** (device) und streiche mein **Gerät** damit an.
8. Wenn du den **dick**en **Gries** (decrease) isst, dann kannst du **abnehmen**.
9. In der **Bank** stehen **Bänk**e (bank).
10. Darf der **Bär mit** (permit)? – Das **erlaube** ich dir nicht!

Wenn Sie wirklich jede Szene deutlich im Geiste gesehen haben, beantworten Sie bitte folgende Fragen:

1. Was **brennt**?

2. Wer lacht sich **schief**?

   _____

3. Im **Staat** geht's total **ab**, weil es was gibt?

   _____

4. **Die** (Farbe) **Weiß** benutze ich, um mein ... zu streichen?

   _____

5. Wo stehen die **Bänk**e?

   _____

6. Was passiert, wenn du den **dick**en **Gries** isst?

   _____

7. Was passiert mit dem **Fohl**en im Moor?

   _____

8. Was mache ich mit dem Sack **Reis**?

   _____

9. Darf der **Bär mit**?

   _____

10. Wo hängt die **Brosche**?

   _____

Nun, wie viele Antworten haben Sie richtig? Bei mehr als sieben Richtigen dürfen wir Ihnen gratulieren. Bei weniger als sieben können wir Ihnen Mut zusprechen, denn: Man kann diese Lerntechnik verbessern und optimieren!

Jetzt haben Sie schon die ersten Vokabeln gelernt. Ja, tatsächlich! Denn wenn Sie wissen, was brennt (genau: der Markenname), dann wissen Sie auch, was »Markenname« auf Englisch heißt: »brand« (gesprochen »bränd« und das klingt ähnlich wie »brennt«). Und »fall« (gesprochen »fohl«) heißt demnach? Genau: »sinken«, weil das Fohlen ja sinkt im Moor. Ganz korrekt ist »to fall« für »sinken«, weil im Englischen immer ein »to« im Infinitiv, also in der Grundform, vor das Verb kommt. Und wenn Sie noch wissen, was passiert, wenn jemand den »dicken Gries« isst, haben Sie auch die Englischvokabel für »abnehmen« gelernt. Denn »decrease« (gesprochen »dickgries«) heißt auf Englisch: »abnehmen«.

Sollten Sie also alle zehn Antworten gewusst haben, haben Sie zehn Vokabeln gelernt!

Gleich geht's weiter mit noch einmal zehn Kopf-Szenen. Sehen Sie diese bitte auch wieder so wie eben vor Ihrem geistigen Auge.

1. **Bill** (zum Beispiel Gates) (bill) hat seine Rechnung im **Restaurant** gegessen.
2. An der **Wand** (want) verrichtete er sein **Bedürfnis**.
3. Das Brat**händl** (handle) ist heiß. Man muss es vorsichtig **anfassen**.
4. Ich bin in (See)**not** (note) und schreibe eine **Notiz** in mein Tagebuch.

5. Statt einem **Gehalt** bekommen die Mitarbeiter eine Knolle **Sellerie** (salary).
6. Ich bekomme ein **Paket** aus **Basel** (parcel).
7. In **Tex**as (tax) gibt es keine **Steuern**.
8. Der **Bauer** (power) bekommt einen **Strom**schlag.
9. Als sie den **Brief fing** (briefing), fing die **Besprechung** an.
10. Mit einer **Feil**e (file) am **Aktenordner** herumfeilen.

Und jetzt beantworten Sie bitte diese Fragen:

1. Was bekommen die Mitarbeiter statt einem **Gehalt**?

   _____

2. Wer bekommt einen **Strom**schlag?

   _____

3. Wo verrichtete er sein **Bedürfnis**?

   _____

4. Was muss man vorsichtig **anfassen**?

   _____

5. In welcher Situation schreibe ich eine **Notiz** in mein Tagebuch?

   _____

6. Womit wird der **Aktenordner** bearbeitet?

_____

7. Woher kommt das **Paket**?

_____

8. Wo muss man keine **Steuern** zahlen?

_____

9. Wer hat seine **Rechnung** im Restaurant gegessen?

_____

10. Wann fing die **Besprechung** an?

_____

Na? Wie viele Antworten wussten Sie diesmal? Vielleicht mehr als sieben? Vielleicht weniger? Auf jeden Fall dürften es für's Erste gar nicht so wenige gewesen sein. Wenn Sie Ihr Kopfkino gut im Griff hatten, müsste es geklappt haben.

Auf jeden Fall haben Sie gerade eben wieder Vokabeln gelernt. Und wenn Sie es oben nicht schon gelesen hätten, hätten Sie es wahrscheinlich gar nicht gemerkt. Aber es waren schon wieder zehn neue Businessenglisch-Vokabeln.

Vergleichen Sie nun Ihre Antworten mit den im Folgenden angegebenen »möglichen Antworten«. In der Spalte »Englisch« sehen Sie die Schreibweise des englischen Wortes, daneben – in der Spalte »Aussprache« – eine etwas merkwürdige Lautschrift, die

Ihnen aber mehr bringt als die Lautschrift, die in Schulbüchern und Wörterbüchern verwendet wird. Bei »Aussprache« steht die Englischvokabel so in Deutsch geschrieben, wie sich diese anhört. »Gehalt« zum Beispiel heißt auf Englisch »salary«. Ausgesprochen wird es wie »sälleri«. Die korrekte Lautschrift dafür ist [ˈsæləri]. Da eventuell der ein oder andere Leser damit Schwierigkeiten haben könnte (so wie wir selbst auch ☺), haben wir hier eine sehr einfache und pragmatische Variante gewählt. Die Aussprache ist damit zwar nicht immer 150-prozentig, dafür aber schnell und einfach. Nach dem Motto: Perfektion weckt Aggression! Die Perfektionisten finden im Hauptteil aber die normale Lautschrift bei jeder Vokabel zusätzlich.

Unser Gedächtnis findet Bilder spannender als die bloßen Begriffe. Der Trick ist also, die Vokabel als Bild mit der entsprechenden Übersetzung als Bild zu verknüpfen. Verknüpfen bedeutet hier: beide Bilder in ein Bild, in eine Szene oder in einen Film zu integrieren. Wenn Sie also »Markenname« auf Englisch sagen wollen, sehen sie sofort, dass dieser »brennt«, weil Sie die Verknüpfung gelernt haben. Und schon haben Sie die Übersetzung »brand« (gesprochen »bränd«). Beide Worte, »brennen« und »brand«, sind sich ähnlich. »Brennt« ist ähnlich genug, um »brand« (ausgesprochen: bränd) hervorzurufen. Unser »Ähnlichkeitsgedächtnis«, der Gedächtnisforscher Prof. Dr. Hans Joachim Markowitsch hat es entdeckt und nennt es »Priming«, kommt damit gut klar. In den meisten Fällen läuft dieser Bilderabruf unbewusst und sehr schnell ab. Sie müssen also in der Praxis nicht erst lange an die Bilder denken und träumen, um auf die gesuchte Vokabel zu kommen. Dies werden Sie schon bald selbst merken.

Solche Bilder sind schnell gemacht, leicht zu merken und bleiben im Gedächtnis!

Überprüfen Sie sich nun:

Deutsch	Mögliche Antwort	Englisch	Aussprache
Prospekt	Brosche	brochure	*brouschä*
Generaldirektor	schief	chief	*tschief*
Markenname	brennt	brand	*bränd*
anheben	Reis	raise	*reis*
sinken	Fohlen	fall	*fohl*
Neugründung	geht im Staat total ab	start-up	*stahtap*
Gerät	die (Farbe) Weiß	device	*di-wais*
abnehmen	dicken Gries	decrease	*di-krihs*
Bank	Bänke	bank	*bänk*
erlauben	der Bär mit	permit	*pä-mit*
Rechnung	Bill (z. B. Gates)	bill	*bill*
Bedürfnis	Wand	want	*wont*
anfassen	Brathändl	handle	*händl*
Notiz	(See)not	note	*nout*
Gehalt	Sellerie	salary	*sälleri*
Paket	Basel	parcel	*pahsl*
Steuern	Texas	tax	*täks*
Strom	Bauer	power	*pauä*
Besprechung	Brief fing	briefing	*brihfing*
Aktenordner	Feile	file	*feil*

Unglaublich: Sie haben gerade eben so nebenbei 20 Business-englisch-Vokabeln gelernt und wissen die meisten davon morgen auch noch – ohne sie zu wiederholen!

Testen Sie sich doch gleich einmal richtig! Tragen Sie die entsprechenden Vokabeln in die unten stehende Liste ein und vergleichen Sie Ihre Einträge dann mit den Tabellen weiter vorne. Auf die richtige Schreibweise brauchen Sie jetzt noch nicht achtzugeben. Hier ist erst einmal wichtig, dass Sie die Vokabel wissen beziehungsweise sprechen können. Folglich können Sie auch unsere Spezial-Lautschrift verwenden.

Deutsch	Mögliche Antwort	Englisch	Aussprache
Prospekt			
Generaldirektor			
Markenname			
anheben			
sinken			
Neugründung			
Gerät			
abnehmen			
Bank			
erlauben			
Rechnung			
Bedürfnis			
anfassen			
Notiz			
Gehalt			
Paket			
Steuern			
Strom			
Besprechung			
Aktenordner			

Wenn Sie jetzt verwundert sind, dass Sie so viele Vokabeln so einfach behalten haben, dann ist das absolut normal. Fragen Sie sich nun: »Warum hat mir das bis jetzt noch niemand beigebracht?« – Kein Englischlehrer, kein Pädagoge, auch Ihre Eltern haben Ihnen wahrscheinlich nicht gezeigt, wie man Vokabeln schneller und nachhaltiger lernt. Sie sehen also: Ebenso wie die fünf bisher erschienenen Vokabel-Behalt-Bücher (Details siehe ganz hinten im Buch) war *Mannis Geld* für Businessenglisch überfällig.

Die nächsten 80 Vokabeln

Es geht weiter, und zwar flott. Hier gleich noch einmal zehn kleine Kopfszenen. Am Anfang ist es sinnvoll, in Zehner-Schritten vorzugehen. Später, mit mehr Übung, können Sie dann gleich 20 oder gar 50 Vokabeln auf einmal abspeichern. Bis dahin haben Sie aber bitte noch ein wenig Geduld. Sie können am Ende der folgenden acht mal zehn Vokabeln testen, wie viel Sie behalten haben. Und los geht's:

1. Das **Untersee**-Surf**brett** und der **Koffer** (under separate cover) wurden **mit getrennter Post** verschickt.
2. Bruce **Lee** (Kampfkünstler) **mit Titt**en (limited) wartet am **beschrä**(a)**nkten** Bahnübergang.
3. Während ich den **Karren zie**h (currency), auf dem die **Währung**en sind ($, €), fliegt alles davon.
4. Der **Großindustrielle** isst ein (tycoon) **Teig-Huhn** (Hühnchen im Teigmantel).
5. Der Wind **weht** (weight) das **Gewicht** um.
6. Auch **toll**wütige (toll) Hunde müssen **Maut**gebühren zahlen.
7. Im **Hafen** liegt nur ein einziges **Boot** (port).

8. Dem **Mieter** gehört (lessee) **Lessie** (Filmhund).
9. **Margit** (market) verkauft auf dem **Markt**.
10. Ich habe ganz günstig den **Eck-Weiher** (acquire) **erworben**.

Hier wieder die Fragen dazu:

1. Wo liegt das einzige **Boot**?

    _____

2. Wo wartet Bruce **Lee mit Ti**tten?

    _____

3. Wer isst das **Teig-Huhn** (Hühnchen im Teigmantel)?

    _____

4. Was **weht** der Wind um?

    _____

5. Den **Eck-Weiher** habe ich günstig ...?

    _____

6. Was müssen **toll**wütige Hunde auch bezahlen?

    _____

7. Wie wurden das **Untersee** Surf**brett** und der **Koffer** verschickt?

    _____

8. Was ist auf dem **Karren,** den ich **zieh**?

   _____

9. Wem gehört **Lassie**?

   _____

10. Wo verkauft **Margit**?

    _____

Die nächsten zehn Vokabeln:

1. Die **Cash**ewnüsse (cash) bezahlte ich mit **Bargeld**.
2. In der **Filiale** gibt es jeden Tag einen **Brunch** (branch).
3. Sie **handelt** mit **Tret**booten (trade).
4. In manchen Firmen bekommt man eine **Quitt**e (quit), wenn man **gekündigt** wird.
5. **Manni** (money) hält einen Stapel **Geld** in seiner Hand.
6. **An der Reit**schule (underwrite) ist ein Schild angebracht, auf dem steht: »Eltern **haften für** ihre Kinder.«
7. In der **Politik** wird über den **Po** von **Lassie** (Filmhund) (policy) debattiert.
8. Im **Temp**el (temp) arbeitet eine **Aushilfe**.
9. Zwei **Gutschein**e **docken** (token) an.
10. Einen **Joint** (joint) raucht man **gemeinsam**.

Und hier die Fragen dazu:

1. Worüber wird in der **Politik** debattiert?

   _____

2. Womit **handelt** sie?

_____

3. Was bekommt man in manchen Firmen, wenn man
gekündigt wird?

_____

4. Was machen die zwei **Gutschein**e?

_____

5. Wo hängt das Schild »Eltern **haften für** ihre Kinder«?

_____

6. Was gibt es jeden Tag in der **Filiale**?

_____

7. Was bezahlte ich mit **Bargeld**?

_____

8. Wo arbeitet die **Aushilfe**?

_____

9. Wer hält einen Stapel **Geld** in der Hand?

_____

10. Was raucht man **gemeinsam**?

Deutsch	Mögliche Antwort	Englisch	Aussprache
mit getrennter Post	Untersee-Surfbrett und der Koffer	under separate cover	andä seprät kavä
beschränkt	Bruce Lee mit Titten	limited	limitid
Währung	Karren zieh'n	currency	karrensi
Großindustrieller	Teig-Huhn	tycoon	teikuhn
Gewicht	Wind weht	weight	wäit
Maut	tollwütige Hunde	toll	toul
Hafen	Boot	port	poht
Mieter	Lessie	lessee	le-sih
Markt	Margit	market	mahkit
erwerben	den Eck-Weiher	acquire	ä-kwaiä
Bargeld	Cashewnüsse	cash	käsch
handeln	Tretboote	trade	träid
kündigen	Quitte	quit	kwit
Geld	Manni	money	manni
haften für	An der Reitschule	underwrite	anderrait
Politik	Po von Lassie	policy	poläsi
Aushilfe	Tempel	temp	temp
Gutschein	docken	token	touken
gemeinsam	Joint	joint	dschoint

Nun dürfen Sie sich wieder testen:

Deutsch	Mögliche Antwort	Englisch	Aussprache
mit getrennter Post			
beschränkt			
Währung			
Großindustrieller			
Gewicht			
Maut			
Hafen			
Mieter			
Markt			
erwerben			
Bargeld			
Filiale			
handeln			
kündigen			
Geld			
haften für			
Politik			
Aushilfe			
Gutschein			
gemeinsam			

Hier nun die nächsten zehn Vokabeln:

1. Der **Brief** ist aus **Leder** (letter).
2. Es gibt eine **Personalbeurteilung**, wie das Personal (appraisal) **a Brezl** (eine Brezel) isst.
3. Im **Gericht**ssaal hatte er eine **Kord**hose (court) an.
4. Der (reckon) **Recken** (Ritter) **berechnet** die Flugbahn seines Armbrustpfeiles.

5. **Phil** (fill) Collins (Sänger) **füllt** ein Kreuzworträtsel **aus**.

6. Bei besonderer **Verschmutzung** bitte am **Po lutschen** (pollution).

7. Ein **paar dick**e **Ullas** (particulars) unterscheiden sich nur in **Einzelheiten**.

8. **Oh, Dieter** (z. B. Bohlen) (auditor), heute kommt der **Wirtschaftsprüfer**.

9. Der **Boss verschiebt** die **Bohn**e (postpone).

10. Ich **hebe** Geld **ab** und gehe dann ins **Bistro** (withdraw).

Und wieder die Fragen dazu:

1. Bevor ich ins **Bistro** gehe, mache ich was?

   _____

2. Wo hatte er die **Kord**hose an?

   _____

3. Warum muss jeder **a Brezl** (eine Brezel) essen?

   _____

4. Was macht der **Recken** mit dem Pfeil?

   _____

5. Wann dürfen wir am **Po lutschen**?

   _____

6. Was macht der **Boss** mit der **Bohn**e?

   _____

7. Was tut **Phil** Collins?

   _____

8. Worin unterscheiden sich ein **paar dick**e **Ullas**?

   _____

9. **Oh, Dieter**! Wer kommt denn heute?

   _____

10. Was ist aus **Leder**?

    _____

Und schon wieder zehn neue Vokabeln:

1. Ich **führe** dich nicht an der Hand, sondern am Augen-**lid** (lead).
2. Mir gehört ein **Anteil** vom **Inder-Rest**aurant (interest).
3. Im **Hafen** wurde vor Kurzem ein **haar**iger **Bär** (harbour) gesichtet.
4. Der **Fahrpreis** ist auf der **Fähr**e (fare) o.k.
5. Die **Summe**, die für den **Emma-Hund** (amount) bezahlt wurde, war enorm.
6. Durch das **Bergwerk** fließt der **Main** (mine).
7. Wir **führen** nur einen Artikel: den **Stock** (stock).
8. Der **Sto**rch (store) **lagert** seine Eier.

9. Nach dem **Attent**at (attend) haben **sich** alle **um** die Opfer **gekümmert**.

10. D**er Kau-Hund** (account) frisst die **Rechnung**.

Die Fragen hierzu:

1. Ich **führe** dich nicht an der Hand, sondern wo?

   _____

2. Wo ist der **Fahrpreis** o.k.?

   _____

3. Wer **lagert** seine Eier?

   _____

4. Was wurde vor Kurzem im **Hafen** gesichtet?

   _____

5. Für welches Tier wurde eine enorme **Summe** bezahlt?

   _____

6. Was fließt durch das **Bergwerk**?

   _____

7. Wovon gehört mir ein **Anteil**?

   _____

8.   Wer frisst die **Rechnung**?

_____

9.   Welchen einzigen Artikel **führen** wir?

_____

10. Wann haben **sich** alle **um** die Opfer **gekümmert**?

_____

Deutsch	Mögliche Antwort	Englisch	Aussprache
Brief	Leder	letter	lettä
Personalbeurteilung	a Brezl (eine Brezel) isst	appraisal	ä-präisl
Gericht	Kordhose	court	kohd
berechnen	Recken	reckon	reckön
(aus)füllen	Phil Collins	fill	fill
Verschmutzung	am Po lutschen	pollution	po-luhschn
Einzelheiten	paar dicke Ullas	particulars	pä-tikjäläs
Wirtschaftsprüfer	Oh, Dieter (z. B. Bohlen)	auditor	ohditä
verschieben	Der Boss die Bohne	postpone	po-spoun
abheben	Bistro	withdraw	wis-droh
führen	Augenlid	lead	lihd
Anteil	Inder-Restaurant	interest	interest
Hafen	haariger Bär	harbour	hahbä
Fahrpreis	Fähre	fare	feä
Summe	Emma-Hund	amount	ä-maunt
Bergwerk	der Main	mine	main
führen (am Lager haben)	den Stock	stock	stok

lagern	der Storch	store	stoh
sich kümmern um	Attentat	attend	ä-tend
Rechnung	Der Kau-Hund	account	ä-kaunt

Nun dürfen Sie sich wieder testen:

Deutsch	Mögliche Antwort	Englisch	Aussprache
Brief			
Personalbeurteilung			
Gericht			
berechnet			
(aus)füllen			
Verschmutzung			
Einzelheiten			
Wirtschaftsprüfer			
verschieben			
abheben			
führen			
Anteil			
Hafen			
Fahrpreis			
Summe			
Bergwerk			
führen (am Lager haben)			
lagern			
sich kümmern um			
Rechnung			

Hier nun die nächsten zehn Vokabeln:

1. Die **Nonn**e reitet mit dem **Ritter** durch den **Nebel** (non-returnable), um die **Einweg**flaschen abzugeben. Aber sie waren **nicht umtauschbar**.

2. Der **Berater** ist inkontinent, aber er **kanns halten** (consultant).

3. Der **Kunde** bekommt immer erst mal einen Löffel Weizen**kleie** und **'n T**ee (client), wenn er den Laden betritt.

4. Die **Cola** und der **Porree** (Lauch) **arbeiten zusammen** an dem Buchstaben **T** (collaborate).

5. Weil die **Klos** mit **Daun**enkissen (close down) verstopft wurden, hat man sie **stillgelegt**.

6. Der **große Ries**e (groceries) kauft wesentlich mehr **Lebensmittel** ein.

7. **Anne** (honour) (z. B. Anne Frank, Anne Will) wird heute geehrt.

8. Immer wenn es **donnert** (donate), dann **spende** ich an die Zeus-Stiftung.

9. Entweder **dreh**n wir ein **Ding** (trading) (Diebstahl) oder wir machen 'nen **Handel** auf.

10. Mein **Nachfolger** sitzt auf einem **Sacksessel** (successor).

Die Fragen dazu:

1. Wer ist inkontinent und **kanns halten**?

   _____

2. Warum reitet die **Non**ne mit dem **Ritter** durch den **Nebel**?

   _____

3. Was hat man mit den **Klos** gemacht, die mit **Daun**enkissen verstopft wurden?

    _____

4. Wer bekommt Weizen**kleie** und ′**n T**ee?

    _____

5. Was passiert mit **Anne** heute?

    _____

6. Was kauft der **große Ries**e wesentlich mehr ein?

    _____

7. Was machen die **Cola** und der **Porree** an dem **T**?

    _____

8. Was tue ich, wenn es **donnert**?

    _____

9. Wer sitzt auf dem **Sacksesse**l?

    _____

10. Wir **dreh**n ein **Ding** (Diebstahl) oder wir machen einen ... auf?

    _____

Und die nächsten zehn Vokabeln:

1. Der K**äufer** kommt aus **Bayer**n (buyer).
2. Auf der **Wiese** (visa) liegt ein **Visum**.
3. Wenn sich jeder **im Chor** in seinen **Po** eine **Rat**te (incorporate) steckt, dann sind alle **integriert**.
4. Meine **Bestellung** schwimmt auf der **Oder** (order) daher.
5. Wenn ich auf der **Insel wend'** (insolvent), bin ich **zahlungsunfähig**.
6. Die Gurke ist so **sauer** (soar), dass sie **in die Höhe schnellt**.
7. Ich hab im **Mag**en **Daun**en (mark-down), wenn ich an die **Preissenkung** denke.
8. Das Tagesgericht »**Reh** mit **Kohl**« (recall) wurde von der Küche **zurückgerufen**.
9. Der Gottesdienst wurde von der **Kanzel** (cancel) aus **abgesagt**.
10. Ich sitze **vor** dem **Kast**en (forecast) und schaue mir die Wetter**vorhersage** an.

Die Fragen auch dazu:

1. Wann bin ich **zahlungsunfähig**?

   _____

2. Wo liegt das **Visum**?

   _____

3. Warum ist die Gurke **in die Höhe geschnellt**?

   _____

4. Was muss der Chor tun, um jemanden zu **integrieren**?

   _____

5. Wo kommt meine **Bestellung** daher?

   _____

6. Woher kommt der **Käufer**?

   _____

7. Wenn ich an die **Preissenkung** denke, dann habe ich …

   _____

8. Wo sitze ich und schau mir die Wetter**vorhersage** an?

   _____

9. Was wurde von der Küche **zurückgerufen**?

   _____

10. Von welchem Platz aus wurde der Gottesdienst
    abgesagt?

    _____

Deutsch	Mögliche Antwort	Englisch	Aussprache
Einweg nicht umtauschbar	Nonne reitet mit dem Ritter durch den Nebel	nonreturnable	non-ritöhnäbl
Berater	er kanns halten	consultant	kon-saltänt
Kunde	Weizenkleie und 'n Tee	client	klaiänt
zusammenarbeiten	Cola und der Porree an T	collaborate	ko-laboräit
stilllegen	Klos mit Daunen-kissen	close down	klous-daun
Lebensmittel	großer Riese	groceries	grousäris
geehrt werden	Anne	honour	annä
spenden	es donnert	donate	dounäit
Handel	drehn wir ein Ding	trading	träiding
Nachfolger	Sacksessel	successor	sak-sessä
Käufer	Bayern	buyer	baiä
Visum	Wiese	visa	wihsä
integrieren	im Chor in seinen Po eine Ratte	incorporate	in-cohporäit
Bestellung	Oder	order	ohdä
zahlungsunfähig	auf der Insel wend'	insolvent	in-solvent
in die Höhe schnellen	sauer	soar	sohä
Preissenkung	im Magen Daunen	mark-down	mahk-daun
zurückrufen	Reh mit Kohl	recall	ri-cohl
absagen	Kanzel	cancel	kahnsl
Vorhersage	vor dem Kasten	forecast	for-kahst

Nun können Sie sich wieder prüfen:

Deutsch	Mögliche Antwort	Englisch	Aussprache
Einweg nicht umtauschbar			
Berater			
Kunde			
zusammenarbeiten			
stilllegen			
Lebensmittel			
geehrt werden			
spenden			
Handel			
Nachfolger			
Käufer			
Visum			
integrieren			
Bestellung			
zahlungsunfähig			
in die Höhe schnellen			
Preissenkung			
zurückrufen			
absagen			
Vorhersage			

Und noch mal zehn Vokabeln:

1. Sie **stapelt Eis** (stabilize), um sich zu **stabilisieren**.
2. Im **Fragebogen** steht zum Ankreuzen: a) Horizontal ist schöner; b) Vertikal ist schöner; c) **Quer ist schöner** (questionnaire).
3. Auf dem Bewerbungsfoto seines **Lebenslaufs** trug er ein **karier**tes (career) Hemd.
4. Die **Fähr**e (fair) fährt zur (Kunst) **Ausstellung**.
5. **Kahn** (z. B. Oliver) **trägt** (contract) den **Vertrag** nach Hause.
6. Das **grau**e (grow) Haar auf dem Kopf **wächst**.
7. Von meinem **Lohn** kaufe ich dir den **Wettsch**ein (wage) ab.
8. Der **Fris**eur (free) schneidet **kostenlos** die Haare.
9. Wenn jemand mit der **superweiß** (supervise) Farbe streicht, dann muss das unbedingt mit einer Überwachungskamera **überwacht** werden.
10. **Nasch schnell Eis** (nationalize), bevor es **verstaatlicht** wird.

Die Fragen hierzu:

1. Wo muss man die Antwort: »C) **Quer ist schöner**« ankreuzen?

_____

2. (Oliver) **Kahn trägt** was nach Hause?

_____

3. Wo trug er ein **karier**tes Hemd?

   _____

4. Was tut das **grau**e Haar auf dem Kopf?

   _____

5. Wovon kaufe ich dir den **Wettsch**ein?

   _____

6. **Nasch schnell Eis**, bevor es … wird.

   _____

7. Warum **stapel**t sie **Eis**?

   _____

8. Wohin fährt die **Fähr**e?

   _____

9. Wie schneidet der **Fri**seur die Haare?

   _____

10. Was passiert, wenn jemand mit **superweiß** Farbe
    streicht?

   _____

Und hier die letzten zehn Vokabeln:

1. Wenn ich den Geschmack **analysiere**, dann **ähnel**t er **Eis** (analyze) am ehesten.
2. Ich **beauftragte** ihn mit einem **komischen** (commission) Auftrag: Es soll sich Rouge **auftrage**n.
3. **In Klos** (enclose) kann man eine Beilage **beilegen**.
4. Die gestohlene **Rippe** (repay) muss **abbezahlt** werden.
5. Weil das **Reh** das **Wort** (reward) »**Belohnung**« sagte, bekam es eine **Belohnung**.
6. Die Frau/der Mann mit dem **Mini-T**-Shirt (minute) **protokolliert** die Besprechung.
7. Es gibt eine **Methode**, wie man richtig mit dem Messer herum**messert** (method).
8. Im **See** suchte ich mit dem **Fing**er (savings) nach meinen **Ersparnissen**.
9. **Ick sied**e (ich koche) (exceed), weil man mich immer wieder **übertrifft**.
10. Bei einer Tanzmeisterschaft **beurteile** ich den **Cha-Cha**-Cha (judge) mit 10 Punkten. (Schild hochhalten)

Und nun noch die letzten zehn Fragen:

1. Welcher Tanz wird bei der Tanzmeisterschaft mit 10 Punkten **beurteilt**?

   _____

2. Was muss **abbezahlt** werden?

   _____

3. **Analysiere** den Geschmack! (ungefähr)

_____

4. Wo kann man eine Beilage **beilegen**?

_____

5. Wer bekam für was eine **Belohnung**?

_____

6. Welches Kleidungsstück trägt die Frau/der Mann während sie/er die Besprechung **protokolliert**?

_____

7. Es gibt eine **Methode**, wie man mit dem Messer …

_____

8. Wo und womit suchte ich nach meinen **Ersparnissen**?

_____

9. Womit **beauftragte** ich ihn?

_____

10. Was passiert, wenn ich ständig **übertroffen** werde?

_____

Deutsch	Mögliche Antwort	Englisch	Aussprache
stabilisieren	Sie stapelt Eis	stabilize	stäibälais
Fragebogen	Quer ist schöner	questionnaire	kwestsche-neä
Lebenslauf	kariertes Hemd.	career	kä-riä
Ausstellung	Fähre	fair	feä
Vertrag	Kahn (z. B. Oliver Kahn) trägt	contract	kon-träkt
wachsen	Das graue Haar	grow	grou
Lohn	Wettschein	wage	wäidsch
kostenlos	Friseur	free	frih
überwachen	superweiß Farbe	supervise	superweis
verstaatlichen	Nasch schnell Eis	nationalize	näschnelais
analysieren	dann ähnelt er Eis	analyze	ähnelais
beauftragen	komischen Auftrag	commission	komischn
beilegen	In Klos	enclose	in-klous
abbezahlen	Die gestohlene Rippe	repay	rih-päi
Belohnung	das Reh das Wort	reward	ri-wohd
protokollieren	Mini-T-Shirt	minute	minit
Methode	herummessert	method	mesäd
Ersparnisse	Im See suchte ich mit dem Finger	savings	säivings
übertreffen	Ick siede	exceed	ik-sihd
beurteilen	Cha-Cha-Cha	judge	dschadsch

Und nun überprüfen Sie sich:

Deutsch	Mögliche Antwort	Englich	Aussprache
stabilisieren			
Fragebogen			
Lebenslauf			
Ausstellung			
Vertrag			
wachsen			
Lohn			
kostenlos			
überwachen			
verstaatlichen			
analysieren			
beauftragen			
beilegen			
abbezahlen			
Belohnung			
protokollieren			
Methode			
Ersparnisse			
übertreffen			
beurteilen			

Lassen Sie sich überraschen

Hier können Sie nun noch einmal checken, ob Sie sich wirklich alle Vokabeln beziehungsweise wie viele Sie sich von den 100 Vokabeln gemerkt haben. Mit Sicherheit sind es deutlich mehr als über das herkömmliche Wiederholungslernen. Also seien Sie ruhig ein bisschen stolz auf sich. Übrigens: Es geht hier (wie schon erwähnt) nicht um die Schreibweise der Business-englisch-Vokabeln, sondern lediglich um die Aussprache. Es ist also egal, wie Sie die entsprechenden Worte schreiben. Wichtig ist nur, dass sie sich so anhören wie bei den Merksätzen.

Warum gehen wir so vor? Nun, als Sie zu sprechen begonnen haben – es also gelernt haben –, haben Sie da schon alles richtig schreiben können? Nein, natürlich nicht. Als Sie mit sechs oder sieben Jahren eingeschult wurden, konnten Sie schon sehr gut sprechen, aber Sie konnten nicht schreiben! Doch nie haben Sie besser und schneller gelernt als damals! Deswegen machen wir es nun so wie zu der Zeit, als Sie noch ein Kind waren und Lernen für Sie ganz normal war. Außerdem müssen Sie, bevor Sie ein Wort schreiben wollen, erst einmal wissen, WELCHES Wort Sie schreiben wollen. Sie müssen es also erst denken beziehungsweise sprechen können. Die Rechtschreibung können Sie später lernen.

Aber nun folgt die große Prüfung. Sie werden überrascht sein.

Deutsch	Englisch
Prospekt	
Generaldirektor	
Markenname	
anheben	
sinken	
Neugründung	
Gerät	
abnehmen	
Bank	
erlauben	

Rechnung	
Bedürfnis	
anfassen	
Notiz	
Gehalt	
Paket	
Steuern	
Strom	
Besprechung	
Aktenordner	
mit getrennter Post	
beschränkt	
Währung	
Großindustrieller	
Gewicht	
Maut	
Hafen	
Mieter	
Markt	
erwerben	
Bargeld	
Filiale	
handeln	
kündigen	
Geld	
haften für	
Politik	
Aushilfe	
Gutschein	
gemeinsam	
Brief	

Personalbeurteilung	
Gericht	
berechnen	
(aus)füllen	
Verschmutzung	
Einzelheiten	
Wirtschaftsprüfer	
verschieben	
abheben	
führen	
Anteil	
Hafen	
Fahrpreis	
Summe	
Bergwerk	
führen (am Lager haben)	
lagern	
sich kümmern um	
Rechnung	
Einweg; nicht umtauschbar	
Berater	
Kunde	
zusammenarbeiten	
stilllegen	
Lebensmittel	
geehrt werden	
spenden	
Handel	
Nachfolger	

Käufer	
Visum	
integrieren	
Bestellung	
zahlungsunfähig	
in die Höhe schnellen	
Preissenkung	
zurückrufen	
absagen	
Vorhersage	
stabilisieren	
Fragebogen	
Lebenslauf	
Ausstellung	
Vertrag	
wachsen	
Lohn	
kostenlos	
überwachen	
verstaatlichen	
analysieren	
beauftragen	
beilegen	
abbezahlen	
Belohnung	
protokollieren	
Methode	
Ersparnisse	
übertreffen	
beurteilen	

Nun, wie viele Vokabeln haben Sie geschafft? Waren es mehr, als Sie ohne diese skurrile Technik – also früher – geschafft hätten? Bestimmt. Vielleicht haben Sie ja sogar 70 bis 80 Richtige. Vielleicht sogar noch mehr. Das ist toll! Manche Seminarteilnehmer allerdings finden das nicht so toll. Sie hätten gern ALLE richtig. Das ist falscher Ehrgeiz. Warum? Nun, weil Sie sich damit unnötig unter Druck setzen. Und unter diesem Druck können Sie nicht Ihre volle Leistung abrufen. Ihr Hirn schüttet dann nämlich die Stresshormone Adrenalin, Kortisol und Noradrenalin aus. Und meist in Mengen, die nicht förderlich sind, denn dann wird der Abrufvorgang im Gedächtnis blockiert. Dadurch wissen Sie deutlich weniger als ohne die schädlichen Stresshormone. Noch schlimmer wird das Ganze, wenn Sie schon während des Lernens einen solchen Druck auf sich ausüben. Denn dann werden die Hormone schon beim Einüben freigesetzt. Beim Abrufen fällt Ihr Hirn wiederum in genau denselben Status und Sie erinnern sich noch schlechter. Deshalb: Perfektion weckt Aggression. Immer locker bleiben. Damit lernen Sie effektiver. Und die Vokabeln, die Sie nicht auf Anhieb wissen, lernen Sie einfach nach. Schauen Sie sich die Bilder, Szenen beziehungsweise Aussagen noch einmal an. Stellen Sie sich diese noch einmal so deutlich wie möglich vor Ihrem geistigen Auge vor. Lassen Sie Gefühle zu, diese sind so etwas wie ein »Merkturbo«. Und dann prüfen Sie sich erneut. Sie werden sehen, dann haben Sie sich wirklich ALLE gemerkt.

Sprachen lernen wie ein Profi

In Zukunft lernen Sie also selbst schwierige Sprachen leicht, schnell, effizient und dauerhaft. Wichtig hierbei ist – wie Sie wahrscheinlich schon gemerkt haben – eine gute Kreativität. Die sollten Sie durch Anwendung trainieren. Das heißt auch: Je mehr Vokabeln Sie lernen, desto kreativer werden Sie! Vertrauen Sie sich selbst. Nach den ersten 100 SELBSTverbilderten Vokabeln merken Sie eine drastische Verbesserung Ihrer Bilder. Sie sind dann auch schon deutlich schneller und finden für mehr Vokabeln passende Bilder.

Wie das Ganze nun genau funktioniert, die besten Tipps und Tricks, und wie es auch mit schwierigen Vokabeln klappt, lesen Sie im folgenden Kapitel »Vokabellernen leicht gemacht – Die wichtigsten Tipps auf einen Blick«.

Sehr gut geübte Gedächtnisfans schaffen übrigens – und das ist kein Witz – zwischen 200 und 500 Vokabeln einer neuen Sprache in nur einer Stunde. Wie? Richtig, genauso wie oben: mit der La-Geiss-Technik. Ob Sie nämlich Französischvokabeln, Italienischvokabeln, Spanischvokabeln, Englischvokabeln, Lateinvokabeln oder die Vokabeln einer beliebigen anderen Sprache lernen wollen, macht keinen Unterschied. Wenden Sie einfach die Ihnen bereits bekannte Technik an, um zum Beispiel finnische, russische, chinesische oder arabische Vokabeln abzuspeichern.

Die Vokabel »cubare« eignet sich perfekt, um die genaue Vorgehensweise zu erläutern. Nehmen wir deshalb als Erklärungsbeispiel einmal an, Sie wollten sich die Vokabel »cubare« (gesprochen: kubare) und deren deutsche Bedeutung merken.

Dann gehen Sie genauso vor, wie Sie es schon die ganze Zeit gelernt haben: Verbildern Sie die Vokabel. Die Bilder, die Ihnen einfallen, wenn Sie »cubare« hören, könnten sein: Kuh, Bar, Bahre, Cuba, Reh, und so weiter. Das heißt, achten Sie nicht auf die Schreibweise, sondern nur auf die Aussprache. Sprechen Sie die zu lernende Vokabel am besten laut aus und achten Sie auf die Bilder, die Ihnen spontan in den Sinn kommen, wenn Sie die Vokabel hören. Was hört sich ähnlich an? Gibt es ein deutsches Wort, das annähernd so klingt? Kennen Sie bereits eine andere Vokabel, die sich wie diese anhört? Zerhacken Sie die neue, unbekannte Vokabel in Silben und machen Sie Worte beziehungsweise Bilder aus den einzelnen Silben. Oder nehmen Sie einzelne Wortteile, die keine Silben sind. Dabei kommen manchmal sehr komische, aber einprägsame Geschichten heraus.

In unserem Beispiel »cubare« nehmen wir nun das Bild »Kuh und Bahre«. Dann sieht dies so aus:

Die **Kuh** *liegt* auf der **Bahre**.

Die Bedeutung der Vokabel »cubare« ist »liegen, schlafen«. Und genau aus diesem Grund »liegt« die Kuh auf der Bahre! Wir verknüpfen also zwei Bilder. Nämlich das Bild der Vokabel mit dem

Bild der Bedeutung dieser Vokabel. So haben wir »Kuh und Bahre« als erstes Bild und die Bedeutung »liegen« als zweites Bild. Beide Bilder, also Vokabelbild und Bedeutungsbild, miteinander verknüpft, ergibt: »Die Kuh liegt auf der Bahre.«

Würde »cubare« zum Beispiel »tragen« heißen, wäre das Bild folgendes: »Die Kuh trägt die Bahre.«

Vokabellernen leicht gemacht – Die wichtigsten Tipps auf einen Blick

1. Die Vokabel verbildern

- **Welches andere Wort hört sich ähnlich an?**

»bolso« (spanisch: Tasche) hört sich ähnlich an wie »bolzen« (Fußball spielen).

Diese Ähnlichkeit reicht dem Priming, dem Ähnlichkeitsgedächtnis, schon. Es muss also keineswegs perfekt sein, ähnlich reicht. Roland Geisselhart (Oliver Geisselharts Onkel und DER Pionier des Gedächtnistrainings im deutschsprachigen Raum) hat deshalb schon in den späten Sechzigerjahren die »Egal-Regel« kreiert: Es ist egal, wenn es nicht hundertprozentig passt, Hauptsache, es ist im Klang einigermaßen ähnlich; es reicht oft schon, wenn nur die erste Silbe passt.

- **Vokabel in Silben zerhacken, und für jede einzelne Silbe oder für zusammengefasste Silben nach ähnlichen Worten suchen:**

»cubare« wird so zu »cu«, »ba«, »re«. Aus »cu« wird »Kuh«, »ba« und »re« zusammengefasst ergibt »Bahre«.

- **Aus den Silben neue Worte kreieren**

»helios« (griechisch: Sonne) wird zu »he«, »li«, »os«. Daraus entstehen die Worte »Helikopter«, »Liege«, »Ostern«. Bild: Im Helikopter steht eine Liege mit Ostereiern darauf.

- **Vokabel nicht in Silben, sondern entsprechend passend zerhacken**

Bei »vendredi« (französisch: Freitag, ausgesprochen »woandredie«) wären die Silben »ven«, »dre«, »di«. Besser passt: »vend«, »red«, »i«. Also: »Wand«, »rede«, »ich«.

- **Einzelne Buchstaben der Vokabel doppelt benutzen**

Bei »hostigar« (spanisch: bedrängen, ausgesprochen »ostigar«) könnte man das T doppelt benutzen: einmal für »Ost« und das zweite Mal für »Tiger«.

- **Dialekte und andere Sprachen mit einbeziehen**

»L'embouchure« (französisch: die Flussmündung, ausgesprochen »loambuschür«) klingt ähnlich wie »Lampenschirm« auf Schwäbisch ausgesprochen: »Loambeschürm«.

2. Die Bedeutung der Vokabel verbildern

- Oft ist die Bedeutung schon ein Bild.

Zum Beispiel ist die Bedeutung von »cubare« »liegen«. Und »liegen« ist ein Bild.

- **Sollte die Bedeutung kein Bild sein, benutzen Sie das erste, spontane Bild (wie bei den Vokabeln selbst), das Ihnen beim Aussprechen der Bedeutung in den Sinn kommt.**

Zum Beispiel ist die Bedeutung von »but« (englisch für »aber«, gesprochen »batt«) kein Bild. – »Aber« ist nun mal kein Bild. Die erste spontane Assoziation könnte vielleicht die Band »Abba« sein. »Abba« hört sich ähnlich an wie »aber«.

3. Beide Bilder verknüpfen

- **Die Verknüpfung sollte möglichst skurril sein. – Eine liegende Kuh auf einer Bahre ist skurril.**

- **Denken Sie nicht lange nach, die erste Verknüpfungsidee ist meist die beste.**

- **Konzentrieren Sie sich auf den Kern und lassen Sie Unnötiges weg.**

- **Sehen und erleben Sie das Verknüpfungsbild beziehungsweise den Verknüpfungsfilm deutlich in Ihrem Kopfkino.**

- Die Verknüpfung sollte alle Sinnesorgane ansprechen.

- Beziehen Sie Gefühle mit ein.

Testen Sie sich

Und nun testen Sie selbst, wie gut Sie im »Verbildern« von Vokabeln bereits sind. Sollten Sie alle Businessenglisch-Vokabeln anhand der Fragen weiter vorne durchgearbeitet haben, haben Sie ja genug Anregung erhalten. Halten Sie sich bitte an die obigen Regeln und achten Sie nicht so sehr auf die Zeit, die Sie benötigen. Schnelligkeit kommt später von ganz alleine.

Lassen Sie Ihrer Fantasie freien Lauf und nehmen Sie die ersten Bilder, die in Ihrem Kopf Gestalt annehmen. In der eckigen Klammer hinter den folgenden Vokabeln finden Sie die korrekte Aussprache, falls diese von der Schreibweise abweicht. Das ist wichtig, denn Ihre Bilder sollten auf der Aussprache basieren! Hören Sie also die folgenden Vokabeln gesprochen und erfinden Sie dazu Ihre individuellen Bilder. Unsere Vorschläge folgen später. Los geht's:

- **verser [wersee]**

Mein Bild: _____

- **l'amas [lama]**

Mein Bild: _____

- **nascere [nascherre]**

Mein Bild: _____

- **fuscus [fuskus]**

Mein Bild: _____

- **bracchium [brachium]**

Mein Bild: _____

Nun folgen die Verknüpfungen. Das erste Bild haben Sie ja gerade entwickelt. Das zweite Bild ist die Bedeutung der jeweiligen Vokabel. Dieses wird mit dem ersten Bild verknüpft. (Wie oben bei »cubare«.) In der runden Klammer hinter den Vokabeln steht die Sprache.

Verknüpfen Sie also jetzt das Vokabelbild mit dem Bedeutungsbild.

- **verser [wersee] (frz.) – schenken**

Meine Verknüpfung: _____

- **l'amas [lama] (frz.) – die Menge**

Meine Verknüpfung: _____

- **nascere [nascherre] (ital.) – geboren werden**

Meine Verknüpfung: _____

- **fuscus [fuskus] (lat.) – dunkel**

Meine Verknüpfung: _____

- **bracchium [brachium] (lat.) – Arm**

Meine Verknüpfung: _____

Ob Ihre Verknüpfungen erfolgreich waren, erfahren Sie im folgenden Test.

»Schenken« heißt auf Französisch: _____

»Die Menge« heißt auf Französisch: _____

»Geboren werden« heißt auf Französisch: _____

»Dunkel« heißt auf Lateinisch: _____

»Arm« heißt auf Lateinisch: _____

Das Ganze funktioniert natürlich auch andersherum, also aus der Fremdsprache ins Deutsche. Verknüpfen Sie jetzt das Vokabelbild mit dem Bedeutungsbild.

»verser« [wersee] (frz.) heißt auf Deutsch: _____

»l'amas« [lama] (frz.) heißt auf Deutsch: _____

»nascere« [nascherre] (ital.) heißt auf Deutsch: _____

»fuscus« [fuskus] (lat.) heißt auf Deutsch: _____

»bracchium« [brachium] (lat.) heißt auf Deutsch: _____

Sollten Sie hierbei noch Probleme gehabt haben, so können wir Sie hoffentlich beruhigen: Sie sollten erst einmal circa 100 Vokabeln selbstständig verbildert und verknüpft haben, dann erst klappt es richtig. Aber: Es muss ja nicht bei jeder Vokabel gelingen! Zu Beginn wenden Sie die La-Geiss-Technik eben nur bei den Vokabeln an, bei denen sich Ihnen das Bild praktisch aufdrängt. Mit der Zeit wird dies immer häufiger passieren. Und dann klappt es relativ zügig bei den meisten Vokabeln. Und ganz wichtig: Perfektion weckt auch hier immer noch Aggression. Es muss nicht bei jeder Vokabel gelingen! Freuen Sie sich über die, bei denen es klappt. Und ärgern Sie sich nicht über die, bei denen es NOCH nicht klappt.

Ob Sie jemals so viel trainieren, dass Sie, wie oben erwähnt, in nur einer Stunde 200 bis 500 Vokabeln schaffen, ist gar nicht so wichtig. Wenn Sie nur halb so gut werden, schaffen Sie bereits 100 Vokabeln in nur einer Stunde oder 50 in einer halben. Und das ist doch auch ein toller Wert! Der ist übrigens für jeden gesunden Normalsterblichen zu erreichen. Wenn Sie täglich circa eine halbe Stunde Vokabeln lernen, sollten Sie diese Zahl nach ungefähr zwei bis drei Wochen, spätestens nach zwei Monaten, erreicht haben.

Dann sind Sie auch in der Lage, eine neue Sprache, zumindest vom nötigen Wortschatz her, in nur einem Monat zu erlernen! Welche Zeitersparnis! Überlegen Sie: Sie lernen täglich 50 Worte. Diese sollten natürlich die richtigen sein, also genau die, die Sie später tatsächlich brauchen. Schauen Sie sich einmal in einer guten Buchhandlung um. Dort gibt es Vokabelbücher mit häufig gebrauchten umgangssprachlichen Vokabeln. Bei 50 Vokabeln täglich schaffen Sie 250 in fünf Tagen. Am Wochenende wiederholen Sie diese noch einmal. Dies machen Sie drei Wochen lang, dann haben Sie 750 Vokabeln gelernt. Damit sind Sie schon ziemlich fit und können alles sagen, was Sie wollen. Natürlich ist Ihre Synonymauswahl begrenzt, aber was soll's? Die vierte Woche gehört allein der Wiederholung aller 750 Vokabeln. Wer dann zwischendurch noch die wichtigsten Grammatikregeln lernt, kommt im Ausland prächtig klar. Und das nach nur einem Monat!

Also, worauf warten Sie noch? Gehen Sie in die nächste Buchhandlung und fangen Sie an! Erfolg buchstabiert man T-U-N! Das ist bei Gedächtnistechniken genauso wie beim Fremdsprachenlernen oder in jedem anderen Bereich. Für den Anfang starten Sie erst mal hier, mit diesem Buch, mit den Vokabeln Ihrer Wahl: Businessenglisch.

Ach ja, fast hätten wir es vergessen – und das darf uns ja nicht passieren –, hier noch unsere Verknüpfungsvorschläge für obige Vokabeln:

- **verser [wersee] (frz.) – schenken**

→ *Vokabel verbildern:* »verser« wird »wersee« ausgesprochen. Dies klingt dann ähnlich wie die »Ferse« hinten am Fuß. Ein Bild für *verser* könnte also *Ferse* sein.

→ *Übersetzung verbildern:* »schenken« als Bild. Jemand »schenkt« einem anderen etwas.

→ *Beide Bilder miteinander verknüpfen:* Eine Person, eventuell Sie, bekommt von einer anderen Person (nehmen Sie am besten jemanden, den Sie kennen) eine *Ferse geschenkt* – schön mit roter Schleife drumherum. Tolles *Geschenk*!

- **l'amas [lama] (frz.) – die Menge**

→ *Vokabel verbildern:* Lama (das Tier)
→ *Übersetzung verbildern:* Menschenmenge
→ *Beide Bilder miteinander verknüpfen:* Ein *Lama* rennt in die *Menge* und spuckt alle an.

- **nascere [nascherre] (ital.) – geboren werden**

→ *Vokabel verbildern:* nass und Schere
→ *Übersetzung verbildern:* Ein Kind wird geboren.
→ *Verknüpfen:* Das Kind will nicht von selbst heraus, dann nehmen wir eben die *nass*e (*Geburts-*)*Schere*.

- **fuscus [fuskus] (lat.) – dunkel**

→ *Vokabel verbildern:* Fuß und Kuss
→ *Übersetzung verbildern:* dunkel, kein Licht
→ *Verknüpfen:* Ich gebe jemandem einen *Fußkuss*, da wird mir *dunkel* vor Augen.

- **bracchium (brachium) (lat.) – Arm**

→ *Vokabel verbildern:* brach ich um
→ *Übersetzung verbildern:* Arm ist schon ein Bild.
→ *Verknüpfen:* Meinen *Arm brach* ich *um*.

(Zum Großteil aus: Geisselhart, Oliver: Kopf oder Zettel? Offenbach, Gabal, 5. Aufl. 2013)

Die Handhabung
des Wörterbuches

Einzige Voraussetzung: Seien Sie offen für ALLES!

Sie müssen weder schlau, allwissend noch besonders intelligent oder talentiert sein. Aber Sie sollten offen für Neues sein – für alles Neue. Die Bilder, mit denen die einzelnen Vokabeln gelernt werden, sollten einigermaßen passen. Wenn sie dann noch absurd, lustig, brutal, bescheuert, übertrieben oder versaut sind, haftet die Vokabel richtig gut. Es ist in mehreren, groß angelegten, wissenschaftlichen Studien bewiesen worden, dass gerade Bilder beziehungsweise Bildverknüpfungen mit sexuellem Inhalt extrem gut behalten werden. Also: Lassen Sie ALLE Bilder zu. Stehen Sie sich bitte nicht durch Zensur selbst im Weg. Ihr Ziel ist es, Vokabeln zu lernen, viele Vokabeln. Und das in kurzer Zeit. Dann gehen Sie den Weg, der dafür nötig ist: Just be open minded!

Die folgenden Verbilderungen zu den Businessenglisch-Vokabeln sind lediglich Vorschläge. Sie können diese für sich übernehmen oder jederzeit verändern oder durch andere Verbilderungen ersetzen.

Wenn Sie möchten, mailen Sie uns Ihre eigenen Verbilderungsvorschläge doch einfach zu. Tragen Sie dazu bei, dass auch andere an Ihren originellen, lustigen und skurrilen Verbilderungen teilhaben können. Wir freuen uns auch auf Beispiele aus anderen Sprachen. Hier unsere E-Mail-Adresse: info@mannisgeld.de.

Sie können bei jeder Gelegenheit üben: im Wartezimmer, auf der Toilette, in der Schule, im Flugzeug (vorausgesetzt, Sie sind kein Pilot). Doch Achtung! Bitte lernen Sie nicht im Auto, wenn Sie selbst fahren. Die Ablenkung wäre einfach zu groß.

Ob Sie jetzt den Wörterbuchteil von *Mannis Geld* alphabetisch oder von hinten nach vorne lesen oder zufällig eine Seite aufschlagen, spielt überhaupt keine Rolle. Am besten suchen Sie sich Vokabeln aus, die Sie brauchen, lustig finden oder weitererzählen wollen. Markieren Sie die Vokabeln, wenn Sie sich abfragen lassen oder selbst abfragen wollen.

Das Abspeichern gelingt Ihnen in der Regel am besten, wenn Sie die Augen dabei schließen. Wenn Sie die Übungen zu Beginn des Buches gemacht haben, dann wissen Sie bereits, worauf es ankommt.

Und nehmen Sie die Verbilderungsvorschläge im Buch nicht allzu ernst. Sollten diese zum Teil nicht nach Ihrem Geschmack sein, können Sie gern, wie oben schon erwähnt, eigene Vorschläge anwenden. In erster Linie soll das Arbeiten mit dem Buch und den darin enthaltenen Verbilderungen Spaß machen und Sie dazu animieren, mit dieser Technik weiterzuarbeiten.

Sie dürfen das Buch mitgestalten und natürlich auch verschenken und weiterempfehlen (gern auch an Lehrer).

Erklärung

Lautschrift mit dem uns bekannten Alphabet. So lesen, als wäre es Deutsch.

offizielle Lautsprache/ Lautschrift

deutsche Übersetzung

Englisches Wort

after-sales service ['ɑ:ftəseɪlz 'sɜ:vɪs] *[ahftäsäils-söwis]* **Kundendienst;** Bild: Beim **Kundendienst** im Autohaus: Aus dem *After* ragt ein *Seels*orger und schenkt dem Kunden ein Tee*service*.

Beschreibung des Bildes bzw. der Szene

Bild für abstraktes Wort, um es sich besser vorstellen zu können

ist uns im Deutschen bekannt, hört sich aber so ähnlich an wie das englische Wort

Bild, Szene, Kopfkino, manchmal auch Tipp oder Interessantes

A

account [ə'kaʊnt] [ä-kaunt] *(Kunden-) Konto, Rechnung;* Bild: D*er Kau-Hund* frisst die Rechnung.

accountancy [ə'kaʊntənsɪ] *[ä-kauntänsi] Buchführung, Rechnungswesen;* Bild: W*as kau'n denn Sie?* (*Tensi*de?). Sie sollen doch die **Buchführung** machen.

accounting [ə'kaʊntɪŋ] *[ä-kaunting] Buchführung, Buchhaltung;* Bild: Wi*e kau'n* das *Ding,* während wir in der **Buchhaltung** arbeiten.

accrue to [ə'kru:] *[ä-kruh] ablaufen (Zinsen);* Bild: *A Crew* (eine Crew) wartet, bis die **Zinsen abgelaufen** sind. Hilfsbild: **Zin**k **läuft** aus der Regenrinne **ab.**

acquire to [ə'kwaɪə] *[ä-kwaiä] erwerben, erlangen;* Bild: Ich habe ganz günstig den *Eck-Weiher* **erworben.**

address [ə'dres] *[ä-dres] Adresse;* hört sich im Deutschen ähnlich an.

administration [ədmɪnɪ'streɪʃn] *[ädmini-sträischn] Verwaltung, Regierung;* Bild: Jede Frau in der **Verwaltung** h*at Minis* (Röcke) und zwar *drei schon.*

advance payment [əd'vɑ:ns 'peɪmənt] *[äd-wahns päimänt] Vorauszahlung;* Bild: *Ed* (z. B. Sheeran) wird *wahn-s*innig, weil er *Pigment*störungen bekommt. Der Hautarzt bekommt daher eine **Vorauszahlung.**

advertise to ['ædvətaɪz] *[ädvätais] werben für, annoncieren, inserieren;* Bild: Ich habe in der Zeitung **inseriert**: »*Ed* (Edgar/Eduard), *es wird heiß*!«

advertising ['ædvətaɪzɪŋ] *[ädwätaising] Werbung;* Bild: Macht *etwa* Mike *Tyson* (Boxer) jetzt auch schon **Werbung**?

advise to [əd'vaɪz] *[äd-weis] raten, beraten;* Bild: *Ed* (Edgar/Eduard) *weiß* alles. Daher lassen sich auch alle von ihm **beraten.**

affiliated company [ə'fɪlɪeɪtɪd 'kʌmpənɪ] *[ä-filiäitid 'kampäni] Tochtergesellschaft;* Bild: Die **Tochtergesellschaft** verspricht: Ein *(A) File*stück von der *Edith* reicht aus für eine ganze *Kompanie.*

after-sales service ['ɑ:ftəseɪlz 'sɜ:vɪs] *[ahftäsäils-söwis] Kundendienst;* Bild: Beim **Kundendienst** im Autohaus: Aus dem *After* ragt ein *Seels*orger und schenkt dem Kunden ein Tee*service.*

agriculture ['ægrɪkʌltʃə] *[ägrikaltschä]* *Landwirtschaft, Ackerbau;* Bild: Wer in der **Landwirtschaft** arbeitet, bekommt eine (ä) *Gries Kaltscha*le.

airfreight ['eəfreɪt] *[eäfrät]* *Luftfracht;* Bild: Ich bin *erfreut*, dass die Ware als **Luftfracht** kommt.

allocate to ['æləkeɪt] *[älokäit]* *zuordnen, zuweisen;* Bild: Anruf von Prince William: »H*allo Kate*, kannst du den Kindern die Kleidungsstücke **zuordnen**? Wem gehört was?

amalgamate to [ə'mælgəmeɪt] *[ä-mälgämäit]* *verschmelzen, fusionieren;* Bild: Die *Amalgam-Maid* **verschmilzt** mit dem Zahnarzt.

amend to [ə'mend] *[ä-mend]* *ab(ändern);* Bild: *Am End*' **ändert** sich doch nichts.

amount [ə'maʊnt] *[ä-maunt]* *Betrag, Summe;* Bild: Die **Summe**, die für den *Emma-Hund* bezahlt wurde, war enorm. (Ein) *A Mount*ainbike kostet eine enorme **Summe**.

analyze to ['ænəlaɪz] *[ähnelais]* *analysieren, auswerten;* Bild: Wenn ich den Geschmack **analysiere**, dann *ähnelt* er *Eis* am ehesten.

announce to [ə'naʊns] *[ä-nauns]* *bekannt geben, ankündigen;* Bild: Die bayerische Rockergruppe hat **bekannt gegeben**: *An hauns* (einen hauen sie) immer.

annual ['ænjʊəl] *[änjuäl]* *jährlich, Jahres…* Bild: **Jährlich** kommt zu meinem Geburtstag eine (ä) *Null* hinzu.

applicant ['æplɪkənt] *[äplikänt]* *Bewerber(in), Antragsteller(in);* Bild: Der **Bewerber** – gerade das Licht der Welt *erblickend* – hatte einen neuen Anzug an.

appraisal [ə'preɪzl] *[ä-präisl]* *Personalbeurteilung;* Bild: Bei der **Personalbeurteilung** essen die Beurteiler *a Brezl* (eine Brezel).

apprentice to [ə'prentis] *[ä-prentis]* *Lehrling;* Bild: Der **Lehrling** hat mit feuergefährlichen Dingen in der Schreinerei gespielt. Nun steht er da und sagt: »*Ab'brennt is*.«

approve to [ə'pruːv] *[a-pruhf]* *billigen, genehmigen;* Bild: Es wird **genehmigt**, dass ich meine E-Mails *abruf*en kann.

aptitude test ['æptɪtjuːd test] *[äptitjuhd test]* *Eignungstest, -prüfung;* Bild: Macht sie den **Eignungstest** für das Kloster? Der *Abt* sagt: »*Die tut es*!«

arbitrate to [ɑːbɪtreɪt] *[ahbiträit]* *schlichten;* Bild: Mein *Abi* (Zeugnis) *tret* ich mit Füßen, während der Streitschlichter das Holz **schlichtet**.

arrears [ə'rɪəz] *[ä-riäs]* *Rückstand;* Bild: *A Ries* (ein Riese) **stand** mit dem **Rück**en zur Wand, weil er mit der Zahlung im **Rückstand** war.

arrival [ə'raɪvəl] *[ä-raifäl]* **Ankunft, Eingang;** Bild: Bei der **Ankunft** sah ich durch einen Reifen einen Aal (*A-Reif-Aal*) springen.

assess to [ə'ses] *[ä-ses]* **bewerten, einschätzen, schätzen;** Bild: Ich *ess es*, obwohl ich meinen Hunger nicht **einschätzen** kann.

asset ['æset] *[äset]* **Vermögenswert, Aktiva;** Bild: Euer **Vermögenswert** lässt es zu: »Gehet also hin und *esset* von allem!«

assign to [ə'saɪn] *[ä-sain]* **zuweisen, beauftragen;** Bild: »*Ess ein* Brot!« oder »*Ess ein* Apfel!«, so werde ich immer wieder **beauftragt**, um mein Gewicht zu halten.

attach to [ə'tætʃ] *[ä-tätsch]* **anhängen;** Bild: Ich hab' sie nur auf den Kopf *getätsch*elt. Jetzt will man mir Körperverletzung **anhängen**.

attend to [ə'tend] *[ä-tend]* **sich kümmern um, erledigen;** Bild: Nach dem *Attent*at haben **sich** alle **um** die Opfer **gekümmert**.

attention [ə'tendʃn] *[ä-tenschn]* **Aufmerksamkeit;** Bild: Ein Sachse trägt ein Tännchen (*a tännschn*) und bittet um **Aufmerksamkeit**.

attorney [ə'tɜːnɪ] *[ä-tohni]* **Bevollmächtigter;** Bild: *A Toni* (Ein Toni aus Tirol) ist **Bevollmächtigter** (**macht sich voll**) und darf Geld abheben.

audit to ['ɔːdɪt] *[ohdit]* **Bücher/Konten prüfen;** Bild: *Oh, Diet*er (z. B. Bohlen), was seh' ich, wenn deine **Bücher geprüft** werden?

auditor ['ɔːdɪtə] *[ohditä]* **Wirtschaftsprüfer(in);** Bild: *Oh, Dieter* (z. B. Bohlen), heute kommt der **Wirtschaftsprüfer**.

authority [ɔː'θɒrətɪ] *[oh-soräti]* **Befugnis, Autorität;** Bild: Ich hab' auch die **Befugnis**, *außer Retti*ch alles essen zu dürfen.

authorize to ['ɔːθəraɪz] *[ohsärais]* **bevollmächtigen, berechtigen;** Bild: Ich bin **berechtigt**, alles *außer Reis* essen zu dürfen.

available [ə'veɪləbl] *[ä-wäiläbl]* **erreichbar, verfügbar;** Bild: *A Weil* (eine Weile) lang hatte ich auch ein *Apple* (Smartphone), zu dieser Zeit war ich stets **erreichbar**.

B

backlog ['bæklɒg] *[bäklog]* **Rückstand, Rückstau;** Bild: Als der *Bäck*er *log*, gab es am Tresen in der Bäckerei einen **Rückstau**. »Wir haben keine Brötchen mehr!«

balance ['bæləns] *[bäläns]* **Saldo, Restbetrag, Differenz;** Bild: Der Hund wird des *Bellens* nicht müde und verlangt vehement den **Restbetrag**.

balance of trade ['bæləns əv 'treɪd] *[bäläns of träid]* **Handelsbilanz;** Bild: Man kann die Importe und Exporte an*bellen sooft*, bis sich alles *dreht*. An der **Handelsbilanz** ändert sich nichts.

bank [bæŋk] *[bänk]* **Bank;** Bild: In der **Bank** stehen *Bänk*e.

bankrupt ['bæŋkrʌpt] *[bänkrapt]* **Bankrott, bankrott;** Bild: Ein *Bänk*er steht im *Rap*sfel*d* und will sich erschießen, weil er **bankrott** ist.

(bank) transfer [bæŋk 'trænsfɜ:] *[bänk tränsföh]* **Überweisung, Versetzung;** Bild: Der *Bänk*er nimmt die **Überweisung** für den Flug *Trans*ilvanien – Insel *Föh*r entgegen.

bargain to ['bɑ:gən] *[bahgäin]* **feilschen, (aus)handeln;** Bild: Lasst uns in die *Bar geh'n* und um die Feile **feilschen**.

bargain ['bɑ:gən] *[bahgäin]* **Handel, Geschäft, Schnäppchen;** Bild: Lasst uns in die *Bar geh'n* und ein **Schnäppchen** machen. Da gibt es Enten**schnä**belchen.

base rate ['beɪs reɪt] *[bäis räit]* **Leitzins;** Bild: Wenn die Hexe auf den *Bes*en *rei*t*et*, wird der **Leitzins** erhöht.

bearish ['beərɪʃ] *[bärisch]* **flau (Börse);** Bild: Wenn der Bär **Pfl**aumen isst, dann spricht er sehr **flau** *bärisch*.

beneficiary [benɪ'fɪʃərɪ] *[beni-fischeri]* **Nutznießer(in), Begünstigte(r);** Bild: Männer sind in der *Peni*s-*Fischer*ei die **Nutznießer** und **niesen**.

benefit to ['benɪfɪt] *[benifit]* **profitieren, nützen;** Bild: Wem **nützt** das, wenn der *Peni*s *fit* ist?

bid to [bɪd] *[bid]* **bieten;** Bild: Auktion: »Wer **bietet** mehr?« (Auktion) – »Ich **biete** ein *Bit*(burger Bier) mehr.«

bill [bɪl] *[bill]* **Rechnung, Abrechnung;** Bild: *Bill* (z.B. Gates) hat seine **Rechnung** im Restaurant gegessen.

board [bɔ:d] *[boad]* **Vorstand, Direktorium;** Bild: An *Bord* **stand** ich plötzlich **vor** dem **Vorstand**.

bond [bɒnd] *[bond]* **Obligation, festverzinsliches Wertpapier;** Bild: James *Bond* versucht, das **Wertpapier** vom **Zinn**teller zu nehmen, aber es ist **fest**geklebt.

bonus ['bəʊnəs] *[bounäs]* **Prämie, Gratifikation;** Bild: Als **Prämie** bekommst du für den *Po* eine *Nuss*.

book to [bʊk] *[buk]* **buchen, reservieren;** Bild: »Weg da! – Den Platz am Schiffs*bug* haben wir **reserviert**.« (Zitat aus dem Film »Titanic«)

boom to [bu:m] *[buhm]* **florieren, boomen;** Bild: Der *Boom*erang fliegt nur nach oben und **boomt**.

boost to [buːst] *[buhst]* **ankurbeln, fördern;** Bild: Wenn du deinen Oldtimer **ankurbelst**, dann kommst du ganz schön ins *Pust*en.

borrow to [ˈbɒrəʊ] *[borou]* **ausleihen, aufnehmen (Kredit);** Bild: *Boro* mir wollte sich nur den Ring **ausleihen**. (Herr der Ringe)

bottleneck [ˈbɒtlnek] *[batlnek]* **Engpass;** Bild: Ich *paddl*e auf dem *Neck*ar (Fluss) und komme in einen **Engpass**.

bottom out to [bɒtəm ˈaʊt] *[batäm aut]* **den Tiefpunkt erreichen;** Bild: Der *Bademeister* im *Auto* hat **den Tiefpunkt** seines Schwimmbeckens **erreicht**.

brain drain [ˈbreɪn dreɪn] *[bräin dräin]* **Abwanderung hochqualifizierter Arbeitskräfte;** Bild: Mit *bren*nenden *Trä*nen beobachten wir die **Abwanderung hochqualifizierter Arbeitskräfte**.

branch [brɑːntʃ] *[brahntsch]* **Branche, Filiale, Zweig;** Bild: In der **Filiale** gibt es jeden Tag einen *Brunch*.

brand [brænd] *[bränd]* **Marke, Markenname;** Bild: Der **Markenname** *brennt*.

breach [briːtʃ] *[brihtsch]* **Übertretung, Verstoß;** Bild: Die *Pritsch*e wurde übertreten. Das war ein **Verstoß**.

break down to [breɪk ˈdaʊn] *[bräikdaun]* **scheitern, aufschlüsseln;** Bild: Mit den auf Münzen ge*präg*ten *Daun*en **scheitert** man an der Kasse.

breakdown [ˈbreɪkdaʊn] *[bräikdaun]* **Versagen, Betriebsstörung;** Bild: **Betriebsstörung**: Die Prägemaschine *prägt* jetzt nur noch die *Daun*en vom Bundesadler auf die Münzen.

brief [briːf] *[brihf]* **Instruktionen, knapp, kurz;** Bild: Der *Brief* ist **kurz**. Bild: Im *Brief* stehen weitere **Instruktionen**.

brief sb. to [briːf] *[brihf]* **jdn. einweisen, instruieren;** Bild: **Jemand** wird **eingewiesen**, wie man einen *Brief* schreibt.

briefing [ˈbriːfɪŋ] *[brihfing]* **Besprechung;** Bild: In dem Moment, als sie den *Brief fing*, fing die **Besprechung** an.

bring forward to [brɪŋ ˈfɔːwəd] *[bring fohwed]* **vorverlegen, übertragen;** Bild: Ich *bring*e das *Vorwort* früher im Buch (auf's Cover?). Ich habe es **vorverlegt**.

brochure ['brəʊʃə] *[brouschä]* ***Broschüre, Prospekt;*** Bild: Eine *Brosche* hängt am **Prospekt**.

broker ['brəʊkə] *[broukä]* ***Broker(in), Makler(in);*** Bild: Der (Immobilien-)**Makler** brockt sich jeden Morgen Brötchen in die warme Milch. Daher nennt man ihn auch *Brocker*.

brokerage ['brəʊkərɪdʃ] *[broukäritsch]* ***Maklergebühr;*** Bild: Fährt der Makler (*Broker*) mit der *Ri*k(*t*)*sch*a, muss er eine **Maklergebühr** zahlen.

budget to ['bʌdʒɪt] *[badschit]* ***haushalten, einkalkulieren;*** Bild: Ich wollte **haushalten** (ein Haus in der Hand halten), aber im *Bad* war *Shit* auf dem Boden und ich rutschte aus.

bulk [bʌlk] *[balk]* ***Größe, Masse;*** Bild: Jemand misst die **Größe** des *Balk*ens. Vom *Balg* (verzogenes, freches Kind) die Körper**größe** messen.

bulk cargo [bʌlk 'kɑːgəʊ] *[balk kahgou]* ***Sperrgut;*** Bild: Das **Sperrgut** mit den *Balk*en kam aus Chi*cago*.

business ['bɪznɪs] *[bisnis]* ***Geschäft, Unternehmen;*** Bild: Im Zoo**geschäft** gibt es Vögel, die *piss*en beim *Nis*ten.

business card ['bɪznɪs kɒːd] *[bisnis kahd]* ***Visitenkarte;*** Bild: Der *Business Kat*er (mit Anzug) frisst die **Visitenkarte**.

business letter ['bɪznɪs 'letə] *[bisnis letä]* ***Geschäftsbrief;*** Bild: Im **Geschäftsbrief** steht: Ein *biss*chen *ist Leder*, der Rest ist Kunststoff. (Schuhfabrikant)

business trip ['bɪznɪs trɪp] *[bisnis trip]* ***Geschäftsreise;*** Bild: Auf der **Geschäftsreise** gibt es einen *Business strip*.

businessman ['bɪznɪsmæn] *[bisnismän]* ***Geschäftsmann, Kaufmann;*** Bild: *Piss'n is* ein *Männ*erproblem ab 50. Auch der **Geschäftsmann** hat dieses Problem.

buyer ['baɪə] *[baiä]* ***Käufer(in), Abnehmer(in);*** Bild: Die **Käuferin** des Autos ist eine *Bayer*in mit Dirndl.

C

calculate to [kælkjʊ'leɪt] *[kälkjuläit]* ***berechnen;*** Bild: Auf dem *Kehl*kopf befindet sich eine *Kuhle* in Form eines *T*s. Diese kann man **berechnen**.

calculation [kælkjʊ'leɪʃn] *[kälk-juläi-schn] **Berechnung, Kalkulation;*** Bild: In der Steinzeit hat man mit *Kalk* im *Ju-li* an *Esch*en **Berechnung**en vorgenommen.

call off to [kɔ:l 'ɒf] *[kohl of] **absagen;*** Bild: Der *Kohl* im *off*enen Ofen wird **abgesagt** (wird im Terminkalender gestrichen).

cancel ['kænsl] *[känsl] **absagen, stornieren;*** Bild: Der Gottesdienst wurde von der *Kanzel* aus **abgesagt**.

capacity [kə'pæsəti] *[kä-päsäti] **Kapazität, Auslastung;*** Bild: Der *Käp*-tain legt die *Pässe* auf den *Ti*sch, weil er noch **Kapazität**en frei hat.

capital ['kæpɪtl] *[käpitl] **Kapital, Vermögen;*** Bild: Ich lese das *Kapit*el über den Aufbau von **Vermögen**.

career [kə'rɪə] *[kä-riä] **Karriere, beruflicher Lebenslauf;*** Bild: Auf dem Bewerbungsfoto seines **Lebenslauf**s trug er ein *karier*tes Hemd.

cargo ['kɑ:gəʊ] *[kahgou] **Ladung, Fracht;*** Bild: Die **Fracht** wurde nach Chi*cago* geliefert.

carrier ['kærɪə] *[käriä] **Spedition, Transporter, Fracht, Transport;*** Bild: Der **Transporter** ist *karier*t.

carte blanche [kɑ:t 'blɑ:nʃ] *[kaht blahnsch] **Blankovollmacht;*** Bild: Als der *Kat*er ins *Plansch*becken fiel, hat sich Roberto **Blanco** die Hosen **voll**ge**macht**. (Ein bisschen Spaß muss sein.)

cash [kæʃ] *[käsch] **Bargeld;*** Bild: Die *Cash*ewnüsse bezahlte ich mit **Bargeld**. Johnny *Cash* (Countrysänger) zahlt mit **Bargeld**.

catalogue ['kætəlɒg] *[kätälohg] **Katalog, Prospekt;*** Bild: *Käthe log*, als ich fragte, ob sie einen **Prospekt** erhalten habe.

certify to ['sə:tɪfaɪ] *[sähtifai] **bescheinigen, beglaubigen;*** Bild: Der Meeresbiologe kann es **bescheinigen**: *Sehr tief* unten war der *Hai*.

chair [tʃeə] *[tscheä]* **Vorsitz;** Bild: Auf dem **vor**deren **Sitz** (**Vorsitz**) liegt eine *Scher*e. Bild: Auf dem **vor**deren **Sitz** (**Vorsitz**) sitzt *Cher* (Sängerin).

chamber of commerce ['tʃeɪmbər əv 'kɒmɜːs] *[tschäimbär of komöhs]* **Handelskammer;** Bild: In der **Handelskammer** liegt der »*Schäm-Bär auf Kommerz (Kuh-Mös')*«.

charge [tʃɑːdʒ] *[tschahdsch]* **Kosten, Gebühr;** Bild: Wer *Cha-Cha*-Cha lernen möchte, muss mit höheren **Kosten** rechnen.

cheque *UK,* check *US* [tʃek] *[tschek]* **Scheck;** Bild: *Jack* (z. B. »The Ripper« oder Nicholson) bekommt einen **Scheck** überreicht.

chief [tʃiːf] *[tschief]* **Haupt…, Generaldirektor(in);** Bild: Der **Generaldirektor** lacht sich *schief.*

claim to [kleɪm] *[kläim]* **behaupten, (ein)fordern;** Bild: Du musst dein Recht **einfordern.** Bis dahin musst du im Knast Tüten *klehm* (ugs. für kleben).

claim [kleɪm] *[kläim]* **Forderung, Anspruch;** Bild: Obwohl es einen **Anspruch** auf Kindergeld gibt (Kinder **sprechen** das Geld **an**), müssen sie noch zusätzlich Tüten *klehm* (ugs. für kleben).

clear to [klɪə] *[kliä]* **bereinigen, begleichen;** Bild: Bei *klir*render Kälte hatten wir unsere Schulden **beglichen.**

client ['klaɪənt] *[klaient]* **Kunde, Kundin, Auftraggeber(in);** Bild: Der **Kunde** bekommt immer erst mal einen Löffel Weizen*kleie* und *'n T*ee, wenn er den Laden betritt.

close down to [kləʊz'daʊn] *[klous daun]* **schließen, stilllegen;** Bild: Weil die *Klos* (Toiletten) mit *Daun*enkissen verstopft wurden, hat man sie **stillgelegt.**

collaborate to [kəlæbəreɪt] *[kolaborä-it] zusammenarbeiten;* Bild: Die *Cola* und der *Porree* (Lauch) **arbeiten zusammen** an dem Buchstaben *T*.

collect to [kə'lekt] *[ko-lekt] abholen, kassieren, einziehen;* Bild: Der an der *Kohle leckt* (schwarze Zunge), **holt** die Kohle **ab**.

collectiv [kə'lektɪv] *[kö-lektiv] Kollektiv…, kollektive(r,s); h*ört sich im Deutschen ähnlich an. Bild: Der *Kohl liegt tief* unter der Erde. Das hat sich in unser **Kollektiv**gedächtnis eingeprägt.

commercial [kə'mɜ:ʃl] *[ko-möhschl] Werbung (Radio, TV);* Bild: *Komm her, sch*nell: Die **Werbung** im Fernsehen musst du dir unbedingt anschauen.

commercialize [kə'mɜ:ʃlaɪz] *[ko-möhschlais] kommerzialisieren, vermarkten;* Bild: »*Komm her, sch*nell, es gibt *Eis*. Es wird auf dem Markt **vermarktet**.«

commission to [kə'mɪʃn] *[komischn] beauftragen, in Auftrag geben;* Bild: Ich **beauftragte** ihn mit einem *komischen* Auftrag: Er soll sich Rouge **auftrag**en.

committee [kə'mɪtɪ] *[ko-miti] Ausschuss, Gremium;* Bild: Ich *komm mit Tee* zum **Ausschuss**. Mit einem **Schuss** schießt dann jemand das Licht **aus**.

company ['kʌmpənɪ] *[kampeni] Firma, Unternehmen;* Bild: »**Komm** zu *Penny*« (Supermarkt). Da kannst du eine **Firma** für wenig Geld kaufen.

competition [kɒmpə'tɪʃn] *[kompetischn] Konkurrenz, Wettbewerb;* Bild: *Komm* ins *Bett*, wir *tischen* zum Frühstück auf. Die **Konkurrenz** im Bett daneben schläft auch nicht und tischt noch mehr auf.

complain to [kəm'pleɪn] *[käm-plein] sich beschweren, etw. beanstanden;* Bild: Mein *Kumpel Hein* **beschwert sich** ständig.

complete [kəm'pli:t] *[käm-pliht] fertigstellen, vervollständigen;* Bild: Der *Kompli(t)ze* **vervollständigt** seine Beute.

comply with to [kəm'plaɪ wɪθ] *[complai wis] erfüllen, befolgen;* Bild: Mein *Kumpl* macht aufs *Ei* einen *Wiss* (er pinkelt drauf). Er **befolgt** immer meine Befehle.

comprise to [kəm'praɪz] *[kom-preis] beinhalten, bestehen aus, umfassen;* Bild: »*Komm*, und such' den *Preis*«. Die Schachtel **beinhaltet** den Preis.

concession [kən'seʃn] *[kon-seschn] Zugeständnis, Konzession;* Bild: Ein **Zugeständnis** *kan*n *seh*r *sch*ön sein, oder auch nicht.

condition [kən'dıʃn] *[kän-dischn]* **Bedingung, Auflage, Zustand;** Bild: Die **Bedingung** ist, dass ein *Känn*chen auf zwei *Tischen* steht. Bild: *Ken* (Lover von Barbie) tanzt auf den *Tischen*. Das ist die **Bedingung** für eine funktionierende Beziehung.

conference ['kɒnfrəns] *[kanfräns]* **Konferenz, Besprechung;** Bild: Oliver *Kahn verrennt s*ich bei der **Besprechung**.

confirmation [kɒnfə'meıʃn] *[konfä-mäischn]* **Bestätigung;** Bild: Eine *Konfirmation* ist eine **Bestätigung** des Glaubens.

confiscate to ['kɒnfıskeıt] *[kanfiskeit]* **beschlagnahmen;** Bild: Bei einer Dopingkontrolle wurde die *Kann*e mit *Wiss* (Urin) an eine *Kett*e gehängt und damit **beschlagnahmt**.

consent [kən'sent] *[kän-sent]* **Zustimmung;** Bild: Deine **Zustimmung** ist *kan* (süddeutsch für: keinen) *Cent* wert.

consign to [kən'saın] *[kon-sain]* **versenden;** Bild: Hast du das Paket **versendet**? »*Kann sein*, weiß ich nicht mehr.«

consignment [kən'saınmənt] *[kon-sainment]* **Sendung;** Bild: *Kann sein*, dass die **Sendung** *Menth*ol Zigaretten enthält.

consolidate to [kən'sɒlıdeıt] *[kän-solidäit]* **konsolidieren;** hört sich im Deutschen ähnlich an.

constraint [kən'streınt] *[kon-sträint]* **Einschränkung, Nebenbedingung;** Bild: Du *kannst rein* – ohne **Einschränkung** (ohne Schranke).

consult to [kən'sʌlt] *[kon-salt]* **sich beraten;** Bild: Er *kanns halt*: **sich** selbst **beraten**.

consultant [kən'sʌltənt] *[kon-saltent]* **Berater(in), Gutachter(in);** Bild: Der **Berater** ist inkontinent, aber er *kanns halten*.

consume to [kən'sju:m] *[kon-sjuhm]* **verbrauchen, konsumieren;** Bild: Er **verbrauchte** mehrere Kameras. Aber mit keiner anderen *kann* er besser *zoom*en.

consumer [kən'sju:mə] *[kon-sjuhmä]* **Verbraucher(in);** Bild: *Kann's Homer* (Simpson) dem **Verbraucher** recht machen?

consumption [kən'sʌmpʃn] *[kon-sampt-schn]* **Verbrauch, Verzehr;** Bild: *Kann Samt schön* machen? – Der **Verzehr** von Samt macht bestimmt nicht schön.

contract [kən'trækt] *[kon-träkt]* **Vertrag, Vereinbarung;** Bild: *Kahn* (z. B. Oliver) *trägt* den **Vertrag** nach Hause. Bild: Im **Vertrag** steht, wer den *Kahn* (Wasserfahrzeug) *trägt.*

contractor [kən'træktə] *[kon-träktä]* **Auftragnehmer;** Bild: Den *Kahn* (Oliver oder Boot) *trägt er,* der **Auftragnehmer.**

contractual [kən'træktʃʊəl] *[kon-träkt-schuäl]* **vertraglich, Vertrags…;** Bild: Es ist **vertraglich** geregelt, dass er den *Kahn trägt* bis zur *Schule.*

corporate ['kɔ:pərət] *[kohpäret]* **Unternehmens…, Firmen…;** Bild: Moderne Firmen haben ein **Firmen**kabarett. Bild: **Firmen**kleidung: Jeder Mitarbeiter trägt auf dem *Kopp* (Kopf) ein *Barrett.*

corporation [kɔ:pə'reɪʃn] *[kohpä-räi-schn]* **Kapitalgesellschaft, Aktiengesellschaft US;** Bild: Ist der *Körper eh schön,* dann gründet man eine **Kapitalgesellschaft.**

correspondence [kɒrə'spɒndəns] *[ko-rä-spondäns]* **Korrespondenz, Schriftwechsel;** hört sich im Deutschen ähnlich an.

cost [kɒst] *[kost]* **Kosten, Preis;** Bild: Die **Kosten** für Roh*kost* sind stark angestiegen.

counterfeit ['kaʊntəfɪt] *[kauntäfit]* **gefälscht, Fälschung;** Bild: Auch der **gefälschte** *Kanter* (lockerer Galopp) hält junge Pferde *fit.* Bild: Das *Konterfei* (Bild, Fotografie von jemandem) war eine **Fälschung.**

court (of law) [kɔ:t (əv 'lɔ:)] *[kohd (of loh)]* **Gericht;** Bild: Im **Gericht**ssaal hatte er eine *Kord*hose an.

credit ['kredɪt] *[kredit]* **Kredit;** hört sich im Deutschen ähnlich an.

creditor ['kredɪtə] *[kreditä]* **Gläubiger;** Bild: Es *kräht Dieter* (z. B. Bohlen), aber die **Gläubiger** wollen ihr Geld.

currency ['kʌrənsɪ] *[karrensi]* **Währung;** Bild: Während ich den *Karren zieh',* auf dem die **Währung**en sind ($, €), fliegt alles davon.

customer ['kʌstəmə] *[kastämä]* **Kunde;** Bild: Im Reisebüro: »Guten Tag, ich möchte gerne mal ein *Gast am Meer* sein.« – »Natürlich, der **Kunde** ist ja schließlich König.« Bild: Die **Kundin** interessiert sich auschließlich für *Kostüme*.

customs *(pl)* ['kʌstəmz] *[kastäms] **Zoll;*** Bild: Der *Gast* sprang in die *Themse*, weil der **Zoll** ihm im Nacken war.

D

damages ['dæmɪdʒɪz] *[dämitschis] **Schadensersatz, Entschädigung;*** Bild: Der Morgenschiss – der ist gewiss. *Der Mitschiss* (der Mitternachtsschiss) ist die **Entschädigung**, wenns mal früh nicht klappt.

data ['deɪtə] *[däitä] **Daten;*** Bild: Der *Dieter* oder der *Täter* gibt die **Daten** ein. (Hacker)

date [deɪt] *[däit] **Datum;*** Bild: *De*r *Hit* (Sommerhit) kam zum richtigen **Datum** auf den Markt.

deal [di:l] *[dihl] **Geschäft, Handel, Abkommen;*** Bild: Der **Handel** findet in der *Diele* statt.

debit to ['debɪt] *[debit] **belasten (Konto);*** Bild: Der *Pitt* (z. B. Brad) **belastet** mein **Konto**.

debit ['debɪt] *[debit] **Soll, Belastung, Lastschrift;*** Bild: Der *Pitt* (z. B. Brad) steht im **Soll** auf meinem Kontoauszug.

debt [det] *[det] **Schuld(en);*** Bild: Der *Ted*dy Bär (oder Ted Roosevelt) hat hohe **Schulden**.

debtor ['detə] *[detä] **Schuldner(in), Debitor(in);*** Bild: Der **Schuldner** war der *Täter*.

deceit [dɪ'si:t] *[di-siht] **Betrug;*** Bild: *Die sieht* gar nix mit der neuen Brille. Totaler **Betrug**!

declare to [dɪ'kleə] *[di-kleä] **angeben (Waren);*** Bild: *Die Klär*anlage muss **angeben**, welche schädlichen Stoffe sich noch im Wasser befinden.

decline to [dɪ'klaɪn] *[di-klain] **zurückgeben, ablehnen;*** Bild: *Die* Frau *Klein* (*die Klein*e) **lehnt** das Geschenk dankend **ab**.

decrease to [dɪ'kri:s] *[di-krihs] **abnehmen, nachlassen;*** Bild: Wenn du den *dick*en *Gries* isst, dann kannst du **abnehmen**.

deductible [dɪˈdʌktəbl] *[di-daktäbl]* **ab-zugsfähig, absetzbar;** Bild: De*r Takt-Hebel* (ein Taktstock, um etwas auszu-hebeln) ist von der Steuer **absetzbar.**

defective [dɪˈfektɪv] *[di-fektiv]* **fehler-haft;** Bild: *Di*ana *fegt tief* unten den **fehlerhaft**en Brunnen.

deflation [dɪˈfleɪʃn] *[di-fläischn]* **Defla-tion;** Bild: *Die Fleisch N*achfrage geht zurück. Daher ist mit einer **Deflation** zu rechnen.

delay to [dɪˈleɪ] *[di-lai]* **verschieben;** Bild: *Die Lei*er (Musikinstrument) **ver-schieben.**

deligate to [ˈdelɪgeɪt] *[deligäit]* **delegie-ren, übertragen;** Bild: Wer nach *Dehli geht,* das **delegiere** ich.

deliver to [dɪˈlɪvə] *[di-livä]* **liefern, zu-stellen;** Bild: *Die Liefer*anten **liefern.**

demand [dɪˈmɑːnd] *[di-mahnd]* **Nach-frage, Forderung;** Bild: Die **Nachfra-ge** nach dem *Dia*mant ist groß. Bild: Die **Nachfrage** nach *d*em N*iemand* ist groß.

denationalize to [diːˈnæʃnəlaɪz] *[dih-näschnälais]* **(re)privatisieren;** Bild: *Die näh*t *schnell* mal ein *Eis*, weil sie die Eisherstellung **privatisieren** will.

dependent [dɪˈpendənt] *[di-pendent]* **abhängig;** Bild: *Die penn*en*de Ent*e ist drogen**abhängig.**

deposit to [dɪˈpɒzɪt] *[di-posit]* **deponie-ren, einzahlen;** Bild: Mein *Depot sieht* gut aus, wenn ich regelmäßig **einzahle.**

deputy [ˈdepjʊti] *[depjuti]* **Stellver-treter(in);** Bild: De*r Putin* (Politiker) hat keinen **Stellvertreter.**

deregulate to [diːˈregjʊleɪt] *[dih-regju-läit]* **deregulieren;** Bild: Die Nieder-schläge werden **dereguliert** und *der Reg*en *kullert.*

determine to [dɪˈtɜːmɪn] *[di-töhmin]* **sich entschließen, beschließen;** Bild: Wir haben alle **beschlossen,** *die Termi-n*e zu verschieben.

develop to [dɪˈveləp] *[di-welop]* **(wei-ter)entwickeln, erschließen;** Bild: Wir können uns nicht **weiterentwickeln,** wenn wir *die Wel*t *op*fern.

device [dɪˈvaɪs] *[di-wais]* **Gerät, Vor-richtung, Apparat;** Bild: Ich nehme *die* (Farbe) *Weiß* und streiche alle meine **Gerät**e damit an.

diary [ˈdaɪəri] *[daiäri]* **Terminkalen-der;** Bild: *Di*e *Eier ri*echen im **Termin-kalender** schlecht.

direct to [daɪˈrekt] *[dai-rekt]* **richten, leiten, führen;** Bild: An *dei*nem *Reck* **führt** dich der Sportlehrer.

disadvantage [dɪsədˈvɑːntɪdʒ] *[disäd-wahntidsch]* **Nachteil, Schaden;** Bild: Es ist ein **Nachteil,** wenn das *Dessert* an der *Wand* und nicht auf dem *Tisch* ist.

discontinue to [dɪskən'tɪnju:] *[diskontinjuh] auslaufen lassen, abbestellen;* Bild: *Dies*e *Kantin*e *ju*belt, wenn alle Gäste ihr Kantinenabo **abbestellen**.

discount ['dɪskaʊnt] *[diskaunt] Rabatt;* Bild: Im *Discount*er gibt es oft noch **Rabatt**marken.

dishonour *UK,* dishonor *US* to ['dɪsɒnə] *[disonä] (einen Wechsel) nicht einlösen;* Bild: Ich **löse den Wechsel nicht ein,** weil *die Sonne* scheint.

dismiss to [dɪs'mɪs] *[dis-mis] entlassen;* Bild: Gott sei Dank: *Dies*es *Mist*stück wurde **entlassen.**

dispatch [dɪ'spætʃ] *[dis-pätsch] Versand, Sendung;* Bild: *Die Spätsch*icht bereitet den **Versand** vor.

dispatch to [dɪ'spætʃ] *[dis-pätsch] (ver)senden, schicken;* Bild: *Die Spätsch*icht **verschickt** schöne Grüße.

display [dɪ'spleɪ] *[di-spläi] Vorführung, Auslage;* Bild: In der **Auslage** (Schaufenster) ist ein *Dies*el aus *Blei.*

dispute [dɪ'spju:t] *[di-spjuht] Konflikt, Streit;* Bild: *Dies*e (dumme) *Put*e provoziert immer **Streit.**

distribution [dɪstrɪ'bjuːʃn] *[distri-bjuschn] Ausschüttung, Vertrieb;* Bild: *Di*e *Strip*per*in* geht d*usch*en und **schüttet** ihre Geldscheine **aus**: Tolle **Ausschüttung.**

dividend ['dɪvɪdend] *[dividend] Dividende;* hört sich im Deutschen ähnlich an.

division [dɪ'vɪʒn] *[di-wischn] (Ab-)teilung, Sparte;* Bild: *Die wischen* alle ihre **Abteilung**, weil demnächst der Chef vorbeikommt.

document ['dɒkjʊmənt] *[dokjumänt] Dokument, Urkunde;* eingedeutschtes Wort.

domestic [də'mestɪk] *[do-mestik] Innen…, Inland…, Binnen…;* Bild: Der *Dumme 's dick* in der **Binnen**schifffahrt.

donate to [dəʊ'neɪt] *[dou-näit] spenden;* Bild: Immer wenn es *donnert*, dann **spende** ich an die Zeus-Stiftung.

donate to [də(ʊ)'nəɪt] *[dä(u)-näit] spenden;* Bild: Es *donnert* immer, wenn jemand etwas **spendet.**

downgrade to [daʊn'greɪd] *[daun-grä-id] herunterstufen, herabsetzen;* Bild: Weil das Bett statt *Daun*en nur *Grät*en hatte, wurde die Qualität **heruntergestuft.**

downsize to ['daʊnsaɪz] *[daunseis] verkleinern, verringern;* Bild: Auf einem

*Daun*enbett wird der *Seis*mograf gelagert. Dadurch werden die Ausschläge **verkleinert**.

draft [drɑːft] *[drahft] Zahlungsanweisung;* Bild: Die **Zahlungsanweisung** (Überweisungsauftrag/Zahlschein) wird mit einem *Draht* umwickelt.

drow to [drɔː] *[droh] abheben, beziehen;* Bild: Eine *Droh*ne **hebt** Geld vom Bankomat **ab**.

due [djuː] *[djuh] fällig;* Bild: Heute bist *du* **fällig**!

durabel consumer goods *(pl)* ['djʊərbl kənˈsjuːmə gʊdz] *[djuäräbl konsjuhmä guds] langlebige Gebrauchsgüter;* Bild: »*Du Rebell kann*st *summen gut*! Wenn du **langlebige Gebrauchsgüter** stiehlst.«

durability [djʊərəˈbɪlətɪ] *[djuärä-biläti] Haltbarkeit, Widerstandsfähigkeit;* Bild: *Du rapp*st für einen *Billig-Te*e, obwohl das **Haltbarkeit**sdatum schon lange überschritten ist.

duty ['djuːtɪ] *[djuhti] Zoll, Abgabe, Pflicht;* Bild: Damals war es **Pflicht**, »*Tutti* Frutti« anzuschauen.

E

economic [iːkəˈnɒmik] *[ihkä-nomik] Wirtschafts…, Konjunktur…;* Bild: *I kann no mi*t (Ich kann noch mit). Die **Konjunktur**prognosen geben Anlass, Geld zu investieren.

economics [ɪˈkɒnəmɪks] *[i-kanamiks] Volkswirtschaft, Ökonomie;* Bild: »*I kann a mix*en (Ich kann auch mixen) und bedrohe das **Volk** in der **Wirtschaft** mit dem Mixer.

economist [ɪˈkɒnəmɪst] *[i-kanamist] Volkswirtschaftler(in);* Bild: »*I kann a Mist*kerl sein. Ich bin **Volkswirtschaftler**.«

economy [ɪˈkɒnəmɪ] *[i-konomi] Wirtschaft, Ökonomie;* Bild: »*I konn nümmä* (Ich kann nicht mehr) für die **Wirtschaft** arbeiten.«

efficiency [ɪˈfɪʃnsɪ] *[i-fischnsi] Leistungsfähigkeit, Effizienz;* Bild: »*I fischn sie*. (schlechtes Deutsch für: »Ich fisch mir die Frau.«) Das zeugt von meiner **Effizienz**.«

efficient [ɪˈfɪʃnt] *[i-fischnt] leistungsfähig, effizient;* Bild: »*I fisch net* (Ich fische nicht). dazu bin ich nicht **leistungsfähig**.«

electronics [ɪlekˈtrɒnɪks] *[ilek-troniks] Elektronik;* Bild: *I leck dro, nix* (Ich lecke daran, nichts) Besonderes – an der **Elektronik**-Platine.

employ [ɪmˈplɔɪ] *[im-ploi] beschäftigen, anstellen;* Bild: Nachdem die Neuen **angestellt** wurden, arbeiteten sie *im bläu*lichen Licht.

employed [ɪmˈplɔɪd] *[im-ploid]* **berufstätig;** Bild: Man hat mir ei*ngebläut,* wer **berufstätig** ist und wer nicht.

employee [ɪmˈplɔɪi] *[im-plojih]* **Arbeitnehmer(in), Angestellte(r);** Bild: *Im bläu*lichen Licht erscheinen alle **Angestellten.**

employment [ɪmˈplɔɪmənt] *[im-ploiment]* **Arbeit, Stellung, Beschäftigung;** Bild: Ich habe eine **Beschäftigung:** Ich arbeite *im bläu*lichen *Ment*hol.

enclose to [ɪnˈkləʊz] *[in-klous]* **beifügen, beilegen;** Bild: *In Klos* kann man eine Beilage **beilegen.**

endorse to [ɪnˈdɔːs] *[in-dohs]* **billigen, gutheißen;** Bild: Luft *in* **billigen** *Dos*en kann ich nicht **gutheißen.**

engagement [ɪnˈɡeɪdʒmənt] *[in-gäidschmänt]* **Verpflichtung, Termin;** Bild: *Ihn geht's ment*al nicht so gut, weil er seinen **Verpflichtung**en nicht nachkommen kann.

engineer [endʒɪˈnɪə] *[entschi-niä]* **Ingenieur(in), Techniker(in);** Bild: Der **Techniker** baut *in* die *Ski* eine *Nier*e ein.

enhance to [ɪnˈhɑːns] *[in-hahns]* **aufwerten, verbessern;** Bild: Seitdem er *in Hans*ens Haus arbeitet, hat sich die Qualität enorm **verbessert.**

enterprise [ˈentəpraɪz] *[entäprais]* **Unternehmen, Unternehmung;** Bild: Raumschiff *Enterprise* hat viele **Unternehmung**en im Weltraum vorgenommen.

entrepreneur [ɒntrəprəˈnɜː] *[anträpränöhä]* **Unternehmer(in);** Bild: Beim *André* (z. B. Rieu) *brennt* das *Öhr*chen. Der **Unternehmer** möchte Kapital daraus schlagen.

equip to [ɪˈkwɪp] *[i-kwip]* **ausrüsten ausstatten;** Bild: *Ik wipp*e (berlinerisch) und habe mich optimal **ausgerüstet.**

establish to [ɪˈstæblɪʃ] *[i-stäblisch]* **gründen, bilden;** Bild: Jede Firma, die **gegründet** wird, is *sterblich.*

estate [ɪˈsteɪt] *[i-stäit]* **(Grund-)Besitz Eigentum;** Bild: Du stehst auf deinem **Grundbesitz** und *isst Diät.*

estimate to [ˈestɪmeɪt] *[estimäit]* **schätzen;** Bild: *Ess die Met*-Wurst, dann kannst du besser **schätzen.**

estimate [ˈestɪmeɪt] *[estimäit]* **Schätzung, Kostenvoranschlag;** Bild: *Ess die Met*-Wurst, wenn du einen **Kostenvoranschlag** schreibst.

evaluate to [ɪˈvæljʊeɪt] *[i-wäljuäit]* **(ab)schätzen, bewerten, beurteilen;** Bild: »*I wähl, ju*ch*he*! Ich kann **abschätzen,** welche Partei die richtige ist.«

evaluation [ɪˈvæljʊˈeɪʃn] *[iwälju-äischn]* ***Bewertung;*** Bild: *I wähl ju*nge *Esch*en für meinen Garten. Die **Bewertung** war sehr gut.

exceed to [ɪkˈsiːd] *[ik-sihd]* ***übertreffen;*** Bild: *Ick sied*e (ich koche), weil man mich immer wieder **übertrifft**.

excess weight [ɪkses weɪt] *[ikses wäit]* ***Übergewicht;*** Bild: Meine *Ex is*t *weit* vom **Übergewicht** entfernt.

exchange to [ɪksˈtʃeɪndʒ] *[iks-tschäindsch]* ***(aus)tauschen;*** Bild: Die *X*-Beine der *Jane* (Tarzans Frau) sind *sch*ön, weil sie **ausgetauscht** wurden.

excess [ɪkˈses] *[ik-ses]* ***Überschuss, Überkapazität;*** Bild: Immer wenn ich ein *X ess'*, wird ein **Überschuss** produziert.

expand to [ɪkˈspænd] *[ik-spänd]* ***expandieren, sich vergrößern;*** Bild: Während der *Ex*(-freund) *pennt*, **vergrößert sich** alles an ihm.

expenditure [ɪkˈspendɪtʃə] *[ikspenditscher]* ***Ausgaben, Aufwendungen;*** Bild: Die *Ex pennt* mit *die Scher*(e) oder mit *Cher* (Sängerin) vor der Essens**ausgabe** in der Kantine.

expenses [ɪkˈspensɪz] *[ikspensis]* ***Spesen, (Un-)Kosten;*** Bild: Die *Echs*e bekommt von Bud *Spence*r (Schauspieler) mit dem **(S)Besen** einen übergebraten.

expertise [ekspɜːˈtiːz] *[ekspöh-tihs]* ***Kompetenz, Fachkenntnis;*** Bild: Alle ehemaligen Bundestrainer vor Berti Vogts (*Ex-Bertis*) hatten besondere **Fachkenntnis**se.

expire to [ɪkˈspaɪə] *[ik-speiä]* ***ablaufen, fällig werden;*** Bild: Das Wasser vom Klo *läuft* nicht mehr *ab*, weil die Garantie **abgelaufen** ist. Dann hilft immer der *X-Bayer* (Bayer in Tracht mit X-Beinen).

export to [ɪkˈspɔːt] *[ik-spoht]* ***exportieren, ausführen;*** Bild: Die *Echs*en werden auf einem *Boot* **exportiert**.

extension [ɪkˈstenʃn] *[ik-stennschn]* ***(Frist-) Verlängerung, Durchwahl;*** Bild: Die *Echs*e hat am *Tännschn* (sächsisch für: Tännchen) eine Nadel**verlängerung** vorgenommen.

extras *(pl)* [ˈekstrəz] *[eksträs]* ***Zusatzkosten, Extras;*** Bild: Ich habe mit meiner *Ex Stress*. Das verursacht enorme **Zusatzkosten**.

F

factor [ˈfæktə] *[fäktä]* ***Faktor;*** hört sich im Deutschen ähnlich an.

factory [ˈfæktərɪ] *[fäktäri]* ***Fabrik, Werk;*** Bild: In der **Fabrik** *fegt* ein *Terri*er den Boden.

failure ['feɪljə] *[fäiljä] Misserfolg, Scheitern;* Bild: Durch diesen *Fehler* war der **Misserfolg** vorprogrammiert.

fair [feə] *[feä] Messe, Ausstellung, gerecht;* Bild: Die *Fähr*e fährt zur (Kunst) **Ausstellung**. Bild: Die Preise auf der *Fähr*e sind **gerecht**.

fall to [fɔːl] *[fohl] sinken, fallen, zurückgehen;* Bild: Das *Fohl*en **sinkt** im Moor.

fare [feə] *[feä] Fahrpreis, Flugpreis;* Bild: Der **Fahrpreis** ist auf der *Fähr*e *fair*.

farming ['fɑːmɪŋ] *[fahming] Landwirtschaft;* Bild: Das (*infame*) *Fam*ilienunternehmen betreibt **Landwirtschaft** und baut *Ing*wer an.

feasibility study [fiːzə'bɪlətɪ 'stʌdɪ] *[fihsä-biläti stadi] Machbarkeitsstudie;* Bild: Die **Machbarkeitsstudie** hat gezeigt, dass der *fiese, billi*ge *Tee* im *Stadi*on nicht machbar ist.

field staff ['fiːld stɑːf] *[fihld stahf] Außendienstmitarbeiter(in);* Bild: Der **Außendienstmitarbeiter** verkauft *viel*e *Staff*eleien.

field work ['fiːld wɜːk] *[fihld wöhk] Außendienst;* Bild: Im **Außendienst** muss man *viel würg*en.

figure ['fɪgə] *[figä] Zahl, Ziffer, Figur;* Bild: Der *Ficker* schreibt eine **Zahl** auf den Körper.

file [faɪl] *[feil] Akte, Aktenordner;* Bild: Mit einer *Feil*e am **Aktenordner** herumfeilen.

fill to [fɪl] *[fill] (aus)füllen, besetzen;* Bild: *Phil* Collins (Sänger) **füllt** ein Kreuzworträtsel **aus**.

finalize ['faɪnəlaɪz] *[fainälais] zum Abschluss bringen;* Bild: *Fein* a*nd leis'* **bringe** ich meine Arbeit **zum Abschluss**.

finance to ['faɪnæns] *[fainäns] finanzieren;* Bild: Das *feine* H*äns*chen (aus Hänsel und Gretel) muss ich unbedingt **finanzieren**.

financial [faɪˈnænʃl] *[fai-nänschl]* **finanziell, Finanz…;** Bild: Den *feinen Schl*eifklotz kann ich mir **finanziell** nicht leisten.

fine [faɪn] *[fain]* **Geldstrafe, Bußgeld;** Bild: Weil er *Fein*waschmittel gekauft hatte, musste er eine **Geldstrafe** an der Kasse zahlen.

finished produkt [ˈfɪnɪʃt ˈprɒdʌkt] *[finischt prodakt]* **Endprodukt, Fertigprodukt;** Bild: *Finnisch* Vokabeln lernen: *Pro Takt*schlag ein neues Wort – das ist das **Endprodukt.**

firm [fɜːm] *[föhm]* **Firma, stabil, fest;** Bild: Die **Firma** stellt **stabil**e Sandkasten*förm*chen her. Bild: Die Sandkasten*förm*chen sind **stabil** gebaut.

flexibility [fleksəˈbɪləti] *[fleksä-biläti]* **Flexibilität;** Bild: »Da sind ja *Flechse*n im *billi*g *Tee*!« – »Komm, trink aus und stelle deine **Flexibilität** unter Beweis.«

flexitime *UK,* **flextime** *US* [fleksɪtaɪm, flekstaɪm] *[fleksitaim, flekstaim]* **Gleitzeit;** Bild: Er hat **Gleitzeit** (hat ein Hoch**zeits**kleid an) und darf jeden Tag mit der *Flex* (Winkelschleifer) den *Daim*ler (Auto) bearbeiten.

float to [fləʊ] *[flout]* **Aktien einführen;** Bild: Als die **Aktien eingeführt** wurden, brachte die *Floh-Flott*e den Kurs sprunghaft nach oben.

floor price [ˈflɔː praɪs] *[floh prais]* **Niedrigstkurs;** Bild: Der sogenannte »*Flo*risten *Preis*« ist der **Niedrigstpreis,** der an der Blumenbörse von Floristen vereinbart wird. Bild: Der **Niedrigstpreis** wird auch als »*Floh-Preis*« bezeichnet, weil es so klein wie ein Floh ist.

flotation [fləʊˈteɪʃn] *[flou-täischn]* **Börsengang;** Bild: Der *Floh* hatte die Hände entspannt in seine *Täsch*chen gesteckt, als er an die Börse ging (**Börsengang**).

fluctuation [flʌktjʊˈeɪʃn] *[flaktju-eischn]* **Schwankung, Fluktuation;** Bild: Obwohl es große **Schwankung**en gab, ging die *Flug-Tour* dicht über *Esch*en.

force down to [fɔːs ˈdaʊn] *[fohs daun]* **drücken (z. B. Preis);** Bild: Ich **drücke** das **Preis**schild mit meinem *Fuß* ins *Daun*enbett.

forecast [ˈfɔːkɑːst] *[foäkahst]* **Prognose, Voraussage, Vorhersage;** Bild: Ich sitze *vor* dem *Kast*en (Bier-Fernseher) und schaue mir die Wetter**vorhersage** an.

forwarder [ˈfɔːwədə] *[fohwödä]* **Absender, Spediteur;** Bild: Der **Spediteur** reist aus den Büchern alle *Vorwörter* heraus.

fragile [ˈfrædʒaɪl] *[frädschail]* **zerbrechlich;** Bild: An *Fred's* (z. B. Feuerstein) *Seil* hängt eine **zerbrechliche** Vase.

framework ['freɪmwɜ:k] *[fräimwöhk]* ***Rahmen, System;*** Bild: Der *Frem*de *würg*te mich mit einem Perioden**system** (aus der Schule).

franchise ['fræntʃaɪz] *[fräntscheis]* ***Konzession;*** Bild: Man hat dem Restaurantbetreiber die **Konzession** entzogen, weil er auf seine Freunde scheißt (*Frend-Scheiß*).

free [fri:] *[frih]* ***frei, kostenlos;*** Bild: Der *Fri*seur schneidet **kostenlos** die Haare.

freelance ['fri:lɑ:ns] *[frihlahns]* ***freiberuflich tätig sein;*** Bild: Nur der *Fri*sör mit der *Lanz*e **ist freiberuflich tätig.**

freight [freɪt] *[freit]* ***Fracht(gut), Ladung;*** Bild: Dem Ge*freit*en (Bundeswehrsoldat) war es eine *Freid* (bayerisch für: Freude), das **Frachtgut** abzuladen.

fringe benefits *(pl)* ['frɪndʒ 'benɪfɪts] *[frinsdch benifits]* ***zusätzliche Leistungen (Gehalt);*** Bild: Wenn du dich

frisch und die *Penne*r sich *fit* halten, dann gibt es **zusätzliche Leistungen.**

fulfilment *UK,* **fulfillment** *US* [fʊlˈfɪlmənt] *[full-fillment]* ***Ausführung, Erfüllung;*** Bild: Die **Erfüllung** des Auftrags: *Voll füll*en mit *Ment*hol!

full-time [fʊlˈtaɪm] *[ful-taim]* ***Vollzeit, hauptberuflich;*** eingedeutschtes Wort.

function to ['fʌŋkʃn] *[fanktschn]* ***funktionieren;*** Bild: Wir treffen uns zum ersten Mal und es *funkt sch*on. Es **funktioniert** wirklich gut.

function ['fʌŋkʃn] *[fanktschn]* ***Funktion, Aufgabe;*** Bild: *Fangt sch*on mal die Schul**aufgabe** an. Das ist eure einzige **Aufgabe.**

fund to [fʌnd] *[fand]* ***das Kapital aufbringen für, finanzieren;*** Bild: Du musst schon viel Flaschen*fand* einlösen, um dir eine *Fan*ta (Marke) zu **finanzieren.**

funding ['fʌndɪŋ] *[fanding]* ***Finanzierung;*** Bild: Ich *fand* das *Ding* auf der Straße, daher musste ich mich nicht mit der **Finanzierung** auseinandersetzen.

funds *(pl)* ['fʌndz] *[fands]* ***Gelder, Mittel;*** Bild: Ich *fand's* super, dass die **Gelder** zur Verfügung gestellt wurden.

G

gain to [geɪn] *[gäin]* **gewinnen, erwerben;** Bild: Beim sportlichen *Geh'n* (Gehen) habe ich schon mehrfach Anerkennung (Beifall) **gewonnen.**

gap [gæp] *[gäp]* **Lücke;** Bild: Auf der *Geb*urtstagsfeier waren nur Gäste mit Zahn**lücke.**

generic product [dʒe'nerik 'prɒdʌkt] *[dsche-nerik prodakt]* **Nachahmerprodukt, No-Name-Produkt;** Bild: Obwohl der *schöne Rick* auf dem *Brot* als *Akt* saß, war es dennoch nur ein **Nachahmerprodukt.**

gilt-edged [gɪlt'edʒd] *[gilt-edschd]* **mündelsicher, erstklassig (Aktien);** Bild: Es *gilt* ein »*Ätsch*« auch bei **mündelsiche**r**en** Geldanlagen (Sparbuch, Festgeld).

giveaway ['gɪvəweɪ] *[giväwäi]* **Werbegeschenk;** Bild: Die Nadeln der *Kiefer* tun *weh*. – Scheiß **Werbegeschenk.**

global ['gləʊbl] *[groubl]* **global, weltweit;** eingedeutschtes Wort.

glut [glʌt] *[glatt]* **Überangebot;** Bild: **Über** dem **Boot** gibt es ein **Überangebot** an Kopfbedeckungen für meine *glatt*e *Glatz*e.

go-ahead ['gəʊəhed] *[gouähed]* **Zustimmung, grünes Licht;** Bild: Wenn ich ein *Cola hätt'*, dann *hätt'* ich auch **grünes Licht** (an der Ampel).

goods *(pl)* [gʊdz] *[guds]* **Güter, Waren;** Bild: Auf dem *Guts*hof sind die **Güter** gelagert.

grant to [grɑ:nt] *[grahnt]* **gewähren, bewilligen;** Bild: Mit *grant*iger Miene habe ich das Skonto **gewährt.**

grant [grɑ:nt] *[grahnt]* **Subvention, Beihilfe;** Bild: Mit *grant*iger Miene bekam ich die **Beihilfe.**

grievance ['gri:vəns] *[grihväns]* **Beschwerde;** Bild: Das war ein richtiger »*Griff ins* Klo«. Deshalb wird noch eine **Beschwerde** folgen.

groceries *(pl)* ['grəʊsərɪz] *[grousäris]* **Lebensmittel;** Bild: Ein *großer Ries*e kauft viel **Lebensmittel.**

gross [grəʊs] *[grous]* **brutto, Brutto;** Bild: Das **Brutto** ist *groß*.

group [gru:p] *[gruhp]* **Konzern, Gruppe;** Bild: Alle Marken des **Konzern**s befinden sich in einer *Grub*e.

grow to [grəʊ] *[grou]* **wachsen, zunehmen;** Bild: Das *grau*e Haar auf dem Kopf **wächst.**

growth [grəʊΘ] *[grous]* **Wachstum, Zunahme;** Bild: Bei jedem **Wachstum** wird alles *groß*.

guarantee to [gærən'ti:] *[gärän-tih]* **garantieren, gewährleisten, bürgen für;** Bild: Wir *gären* den *Tee*, dafür **garantieren** wir.

guideline ['gaɪdlaɪn] *[gaidlain]* **Richtlinie;** Bild: Nach EU-**Richtlinie** heißt das Märchen korrekt: »Der Wolf und die sieben *Geidlein*«.

H

half-year ['hɑːfjɪə] *[hahfjiä]* **Halbjahres...;** Bild: Der **Halbjahres**zug des Schachspielers: Bauer auf *H4*.

halt to [hɔːlt] *[hohlt]* **stoppen, anhalten;** Bild: Es wieder*holt* sich immer wieder und man kann es nicht **stoppen.**

handle to ['hændl] *[händl]* **anfassen, befördern;** Bild: Das Brat*händl* ist heiß. Man muss es vorsichtig **anfassen.**

handling ['hændlɪŋ] *[händling]* **Bearbeitung, Handhabung;** Bild: Das *Händl* (Bräthähnchen) von der *Ing*e (Inges Imbiss) ist in der **Handhabung** am einfachsten.

harbour *UK,* harbor *US* ['hɑːbə *UK* 'hɑːbər *US*] *[hahbä UK, hahbeä US]* **Hafen;** Bild: Im **Hafen** wurde vor Kurzem ein *Haar-Bär* (Bär mit langen Haaren) gesichtet.

harden to ['hɑːdn] *[hahdn]* **anziehen (Preis);** Bild: Mit einem *harten* Gegenstand musst du am **Preis**schild **anziehen.**

hardware failure ['hɑːdweə 'feɪlure] *[hahdweä fäiljä]* **Gerätestörung;** Bild: Die *Hardware fehl*t *ja*. Kein Wunder, dass es zu einer **Gerätestörung** kommt. Bild: Ein kleiner *Hardwarefehler* führte zu dieser **Gerätestörung.**

hard-wearing [hɑːd'weərɪŋ] *[hahd-weäring]* **strapazierfähig;** Bild: Der *Hardware-Ring* ist sehr **strapazierfähig.**

haul to [hɔːl] *[hohl]* **befördern, transportieren;** Bild: Der *Hall* **transportiert** Schallwellen durch die *hohle Hall*e.

haulier ['hɔːlɪə] *[hohliä]* **Spediteur, Frachtführer;** Bild: Der **Spediteur** in-*halliert* in der Halle.

head [hed] *[hed]* **Chef(in), Leiter(in), Haupt…;** Bild: *Hätt'* ich den **Chef** als Mann, dann …

head office [hed'ɒfis] *[hed-ofis]* **Zentrale, Hauptgeschäftsstelle;** Bild: Dort, wo der *Herd off*en *is'*, da ist die **Zentrale** des Hauses.

headhunter ['hedhʌntə] *[hedhantä]* **Headhunter;** eingedeutschtes Wort.

headquarters [hed'kwɔːtəz] *[hed-kwoh-täs]* **Zentrale, Hauptsitz;** Bild: In der Polizei**zentrale** steht ein *Herd* auf einem *Quader*.

health care ['helθ keə] *[hels kehä]* **Gesundheitsfürsorge;** Bild: Mit einem Besen die *Hälse kehr*en. Alle niesen: »**Gesundheit!**« – Für die **Füße** brauchst du **Socken (Gesundheitsfürsorge).**

health insurance ['helθ ɪn'ʃʊərəns] *[hels in-schuäräns]* **Krankenversicherung;** Bild: Ein *Helles* (Bier) steckt *im Schul*ranz*en.* Um das Helle ist eine **Krake** mit einer Sicherheitsnadel befestigt (**Krankenversicherung**).

hedge [hedʒ] *[hetsch]* **Schutz, Absicherung;** Bild: Der Demonstrant ver-*hätsch*elt den **Schutz**schild des Polizisten.

high [haɪ] *[hei]* **hoch, Höchststand;** Bild: Der *Hai* springt beim Hochsprung besonders **hoch.**

high-tech [haɪ'tek] *[hai-tek]* **Hochtechnologie, hochtechnologisch;** Bild: Der **hochtechnologisch**e *Hai* springt an die *Deck*e.

hire to ['haɪə] *[haiä]* **mieten, einstellen;** Bild: Wenn zwei *heiern* (fränkisch für: heiraten), dann hat man sich gegenseitig nur **gemietet.**

holdings *(pl)* ['həʊldɪŋz] *[houldings]* **(Grund-)Besitz, Anteile;** Bild: Mein ganzer **Besitz** besteht aus *hohl*en *Din*g*en.* (Bälle, Christbaumkugeln etc.)

hold-up ['həʊldʌp] *[houldap]* **Verzögerung;** Bild: Jemanden *abhalt*en von etwas, bedeutet auch immer eine **Verzögerung.**

holiday ['hɒlədeɪ] *[holidäi]* **Urlaub;** Bild: Im **Urlaub** trinke ich immer (Holunder) *Holler-Tee.*

home banking ['həʊm 'bæŋkɪŋ] *[houm bängking]* **Homebanking;** eingedeutschtes Wort.

home market ['həʊm 'mɑːkɪt] *[houm mahkit]* **Binnenmarkt;** Bild: Die *OM-Margit* macht Yoga und summt zusammen mit den Bienen das OM. Sie sitzt auf dem Bienenmarkt (**Binnenmarkt**).

homepage ['həʊmpeɪdʒ] *[houmpäidsch] Homepage;* eingedeutschtes Wort.

honour *UK,* honor *US* to ['ɒnə] *[anä] einlösen, ehren;* Bild: *Anne* (z. B. Frank, Will) wird geehrt.

hourly ['aʊəlɪ] *[auäli] stündlich;* Bild: Kinder haben **stündlich** ein kleines *Auali* (ein kleines Wehwehchen).

hours of business *(pl)* ['aʊəz əv 'bɪznɪs] *[auäs of bissnis] Geschäftszeiten;* Bild: Während der **Geschäftszeiten** gibt es *Auas* (Wehwehchen), wenn man sich beim *Piss*en auf die *Ness*eln setzt.

housing construction ['haʊzɪŋ kən'strʌkʃn] *[hausing kon-strakschn] Wohnungsbau;* Bild: Die *Haus-Singkunst rockt schon* echt gut beim **Wohnungsbau**.

hype to [haɪp] *[haip] aggressiv (be) werben;* Bild: Der *Hai* im *P*ool **bewirbt** sich **aggressiv** auf die Stelle als Bademeister.

I

identification [aɪdentɪfɪ'keɪʃn] *[aidentifi-käischn] Ausweis, Identifizierung;* Bild: Das *Ei dehnt die Fick-Eschen* und zeigt dann den **Ausweis** vor.

illicit trade [ɪ'lɪsɪt 'treɪd] *[i-lisit träid] Schwarzhandel, unerlaubter Handel;* Bild: *I*ch *lies es*. Und dann *dreht*e sich alles um den **Schwarzhandel**.

image ['ɪmɪdʒ] *[imidsch]* **Image, Bild;** eingedeutschtes Wort.

imperfection [ɪmpə'fekʃn] *[impä-fekschn] Mangel, Fehler;* Bild: Die W*imper fegt sch*ön den **Fehler** weg.

import to [ɪm'pɔːt] *[im-poht] einführen, importieren;* Bild: *Im Boot* werden die Waren **eingeführt**.

importer [ɪm'pɔːtə] *[im-pohtä] Importeur, Importfirma;* Bild: *Im Po* steckt *der* **Importeur**.

impose to [ɪm'pəʊz] *[im-pous] erheben, verhängen;* Bild: *Im Pos*aunenchor wurde jedem eine Strafe **verhängt**. (Strafzettel umgehängt)

improvement [ɪm'pruːvmənt] *[impruhfmänt] Verbesserung, Besserung;* Bild: *Im B*eru*f* trägt man *Mänt*el, um eine Verbesserung der Tätigkeit zu erzielen.

incapacitated [ɪnkə'pæsɪteɪtɪd] *[inkä-päsitäitid] erwerbsunfähig;* Bild: *In Kaba* (Marke, Kakaogetränk) *sitz*t *Edith*. Daher ist sie auch **erwerbsunfähig**.

incapacity for work [ɪnkə'pæsɪti fə wɜːk] *[inkä-päsiti foh wöhk] Erwerbsunfähigkeit;* Bild: *In Kaba-City vo*r dem *Werk* (z. B. Atomkraftwerk) ist die **Erwerbsunfähigkeit** angestiegen.

incentive [ɪn'sentɪv] *[in-sentiv] **Ansporn, Anreiz;*** Bild: Wenn andere *in zehn* Meter *Tief*e tauchen, dann ist das für mich ein **Ansporn**.

including [ɪn'klu:dɪŋ] *[in-kluhding] **einschließlich, inklusive;*** Bild: **Inklusive** darf man beim Lagerfeuer *in* die *Glut Ing*wer werfen.

income ['ɪnkʌm] *[inkam] **Einkommen, Einkünfte;*** Bild: Meine **Einkünfte** stecken *in* einem *Kamm*.

incorporate to [ɪn'kɔ:pəreɪt] *[in-kohpäräit] **integrieren, als Aktiengesellschaft eintragen;*** Bild: Wenn sich jeder *im Chor* in seinen *Po* einen *Ret*tich steckt, dann sind auch alle **integriert**.

increase to [ɪn'kri:s] *[in-krihs] **zunehmen, erhöhen, anheben;*** Bild: *In Gries*(brei) bilden sich beim Kochen Blasen und er **hebt** sich **an**.

incur to [ɪn'kɜ:] *[in-köh] **erleiden;*** Bild: *In Kö*rbchen eingezwängt: Wer schön sein will, muss schon einiges **erleiden**.

index number ['ɪndeks 'nʌmbə] *[indeks nambä] **Kennziffer;*** Bild: *In de*r *Eck* nahm er den *Bär* und verpasste ihm eine **Kennziffer** mit dem Brandeisen.

inducement [ɪn'dju:smənt] *[in-djuhsment] **Anreiz, Ansporn;*** Bild: Unser **Ansporn** ist es, *indus*triell *Ment*hol herzustellen.

industry ['ɪndəstrɪ] *[indästri] **Industrie, Branche;*** eingedeutschtes Wort.

inefficiency [ɪnɪ'fɪʃnsɪ] *[ini-fischnsi] **Unproduktivität;*** Bild: *Ina* geht *fischen* am *See*. Welch eine **Unproduktivität**. Dort gibt es nämlich gar keine Fische.

inflation [ɪn'fleɪʃn] *[in-fläischn] **Inflation, Preissteigerung;*** Bild: Guckt man *in Flaschen* hinein, sieht man die **Preissteigerung**. Bild: *In Fleisch 'n'* Wurst steigt der Preis heraus (**Preissteigerung**).

influx ['ɪnflʌks] *[inflaks] **Zufuhr, Zufluss;*** Bild: *In Flachs* (Leinen) gekleidet, stoppe ich den **Zufluss** (Fluss, der dazu fließt).

inforce to [ɪn'fɔ:s] *[in-fohs] **durchsetzen, vollstrecken;*** Bild: Die *Infos* (Infoblätter) haben sich **durchgesetzt** (sind durch den *Sitz durch*gefallen).

informal [ɪn'fɔ:ml] *[in-fohml] **zwanglos, informell;*** Bild: Ich lese **zwanglos** (ohne Zwangsjacke) *in* der *Formel*sammlung nach.

information [ɪnfə'meɪʃn] *[infä-mäischn] **Information(en), Auskunft;*** eingedeutschtes Wort.

infrastructure ['ɪnfrəstrʌktʃə] *[infrästraktschä] **Infrastruktur;*** hört sich im Deutschen ähnlich an.

innovation [ɪnə'veɪʃn] *[inä-wäischn]*
Neuerung, Innovation; Bild: Eine *in-*
*ner*e *Wäsche* bewirkt eine komplette
Neuerung.

insolvent [ɪn'sɒlvənt] *[in-salvänt]* **zah-**
lungsunfähig; Bild: Wenn ich auf der
Insel wend', bin ich **zahlungsunfähig.**

inspect to [ɪn'spekt] *[in-spekt]* **prüfen,**
inspizieren; Bild: Der *Inspekt*or **über-**
püft, ob sich *in Speck* Maden befinden.

install [ɪn'stɔ:l] *[in-stahl]* **einbauen, in-**
stallieren; Bild: Es war alles *in Stahl*,
was sie **einbauten.**

instalment *UK*, installment *US* [ɪn'stɔ:-
lmənt] *[in-stohlmänt]* **Rate;** Bild: *Im*
Stall gibt es *Ment*holbonbons (Mentos),
bis die letzte **Rate** abbezahlt ist.

insurance [ɪn'ʃʊərəns] *[in-schuäräns]*
Versicherung; Bild: Die **Versicherung**
(Police) steckt *im Schul*ranzen.

interest ['ɪnterest] *[interest]* **Zinsen,**
Anteil, Beteiligung; Bild: Mir gehört
ein **Anteil** vom *Inder-Rest*aurant.

interim ['ɪntərɪm] *[interim]* **vorläu-**
fig, Interims..., Zwischenzeit; einge-
deutschtes Wort.

intermediary [ɪntə'mi:dɪərɪ] *[inter-mih-*
diäri] **Vermittler(in), Mittelsmann;**
Bild: Der (Heirtats-) **Vermittler** ver-
mittelte ihr einen *Inder mit Tiere*n.

internal [ɪn't3:nl] *[intöhnl]* **intern, In-**
nen...; Bild: Das **Innen**leben des Kör-
pers funktioniert, wenn aus dem H*in-*
tern ein Aa*l* kommt.

internship ['ɪnt3:nʃɪp] *[intönschip]*
Praktikum, Volontariat; Bild: Im
Praktikum durfte ich *in* einem *Törn-*
Schiff arbeiten. (nicht auf, sondern *in*)

interview ['ɪntəvju:] *[intervjuh]* **Vor-**
stellungsgespräch, Interview; einge-
deutschtes Wort.

introduce to [ɪntrə'dju:s] *[inträ-djuhs]*
vorstellen, einführen; Bild: In der *Du-*
*s*che **stelle** ich mich **vor.** (Ich übe mein
Vorstellungsgespäch.)

invest to [ɪn'vest] *[in-west]* **investie-**
ren; Bild: *In West*en (Kleidungsstücke)
zu **investieren**, lohnt sich immer.

investigation [ɪnvestɪ'geɪʃn] *[inwes-*
ti-gäischn] **Nachforschung, Ermitt-**
lung; Bild: *In* der *West*e sind *Kirsch*en,
oder? Da müssen wir doch mal **Nach-**
forschungen anstellen, woher die kom-
men.

invoice to ['ɪnvɔɪs] *[inwois]* **in Rech-**
nung stellen, fakturieren; Bild: *In Fäus-*
ten (in den Fäusten haltend) den **Rechen**
(**Rechnung**) in die Ecke **stellen.**

issue to ['ɪʃu:] *[ischuh]* **ausgeben, aus-**
stellen; Bild: Beim Kauf von *E-Schu-*
*h*en wird automatisch auch eine Fahrer-
laubnis **ausgestellt.**

item ['aɪtəm] *[eitem] Posten, Artikel;* Bild: Mit meinem *Atem* treibe ich einen **Pfosten** in die Erde.

J

job interview ['dʒɒb 'ɪntəvju:] *[dschob intävjuh] Vorstellungsgespräch;* Bild: Seinen obligatorischen *Schop*pen *in de*r *Früh* trank er auch beim **Vorstellungsgespräch**.

joint [dʒɔɪnt] *[dschoint] gemeinsam, Gemeinschafts…;* Bild: Einen *Joint* raucht man **gemeinsam** und nicht alleine.

joint-stock company [dʒɔɪt'stɒk 'kʌmpənɪ] *[dschoint-stock kampäni] Aktiengesellschaft, Kapitalgesellschaft;* Bild: In der *Kompanie* hat jeder einen Geh*stock*, an dem ein *Joint* befestigt ist. Alle handeln mit Aktien (**Aktiengesellschaft**).

journal ['dʒɜ:nl] *[dschohnl] Zeitschrift, Journal;* Bild: *John L*(ennon) ist auf der Titelseite des **Journal**s.

judge to [dʒʌdʒ] *[dschadsch] (be)urteilen, erachten;* Bild: Bei einer Tanzmeisterschaft **beurteile** ich den *Cha-Cha*-Cha mit 10 Punkten.

judicial [dʒu:'dɪʃl] *[dschuh-dischl] gerichtlich, Justiz…;* Bild: Den *Schuh* stellt der *Tischl*er auf einen Tisch und schildert den **Justiz**beamten den Hergang.

just-in-time (JIT) [dʒʌstɪn'taɪm] *[dschastin-taim] bedarfsorientiert;* Bild: *Justin* (Timberlake, Bieber etc.) fährt einen *Daim*ler, der **bedarfsorientiert** für ihn hergestellt wurde.

K

key [ki:] *[kih] Schlüssel…, Haupt…;* Bild: Die *Ki*wi hat ein **Schlüssel**loch.

key customer [ki: 'kʌstəmə] *[kih kastämä] Großkunde, Hauptkunde;* Bild: Der **Großkunde** (großer Kunde) ist *Gast am Meer* und beißt in eine *Ki*wi.

key supplier [ki: sə'plaɪə] *[kih säplaiä] Hauptlieferant;* Bild: Der *Ki*wi-**Hauptlieferant** fährt noch einen alten *Saab* (Automarke), den man vorne noch ankurbeln (*leier*n) muss.

killing *(ugs.)* ['kɪlɪŋ] *[killing] Reibach, Riesengewinn;* Bild: Der *Killer* reib**t** sich die Hände über dem **Bach**.

knock-down price ['nɒkdaʊ praɪs] *[nokdaun preis]* **Schleuderpreis;** Bild: Die (Gries)*Nock*erl und die *Daum*endecken werden zum **Schleuderpreis** verkauft (weggeschleudert).

knock-on effekt ['nɒkɒn ɪ'fekt] *[nakon i-fekt]* **Dominoeffekt;** Bild: Mit den *Nocken* meines Fußballschuhs werfe ich die aufgestellten Dominosteine um. Es entsteht der **Dominoeffekt**.

know-how ['nəʊhaʊ] *[nouwau]* **Fachkenntnis, Know-how;** eingedeutschtes Wort.

L

label ['leɪbl] *[läibl]* **Etikett, Schild;** Bild: Der Chinese verkauft bayerische Spezialitäten. Auf einem **Etikett** steht »*Lebel*käs«.

labour costs ['leɪbə kɒsts] *[läibä kosts]* **Lohnkosten;** Bild: Wer von der *Leber kost*et, der darf auch vom Klatsch**mohn kosten**.

labour market ['leɪbə 'mɑːkɪt] *[läibä mahkit]* **Arbeitsmarkt;** Bild: Die *Leber Margit* (Eine Margit mit einer Leber in der Hand) bewegt sich auf dem **Arbeitsmarkt**.

labourer ['leɪbərə] *[läibärä]* **Arbeiter(in), Arbeitskraft;** Bild: Der **Arbeiter** isst die *Leber roh.*

lag [læg] *[läg]* **Verzögerung, Rückstand;** Bild: *Leck* mich am A… Die Mannschaft ist enorm im **Rückstand** (10:1). Alle **stand**en mit dem **Rück**en zur Wand.

launch to [lɔːntʃ] *[lohntsch]* **auf den Markt bringen, einführen;** Bild: Eine Eisenbahn*landsch*aft **auf den Markt bringen.**

law [lɔː] *[loh]* **Recht, Gesetz;** Bild: Im *La*-la-Land (Film) gibt es kein einziges **Gesetz**.

lawful ['lɔːfl] *[lohfl]* **rechtmäßig;** Bild: **Rechtmäßig**er Besitzer des *Löffel*s bin ich.

lawyer ['lɔːjə] *[lohjä]* **Anwalt, Anwältin;** Bild: Der **Anwalt** singt ein Halle-*lojä*.

lay off to [leɪ 'ɒf] *[läi of]* **(vorübergehend) entlassen;** Bild: Der *Leo* (Löwe) ging durch die *off*ene Käfigtür und wurde **vorübergehend entlassen.**

lead to [li:d] *[lihd]* **führen;** Bild: Ich **führe** dich nicht an der Hand, sondern ich **führe** dich am Augen*lid*.

lease [li:s] *[lihs]* **(ver)mieten, (ver)pachten;** Bild: Heute **vermiete** ich Ver*liese*.

leave [li:v] *[lihf]* **Urlaub;** Bild: Früher *lief* ich im **Urlaub** immer meine Runden.

legal ['li:gl] *[lihgl]* **gesetzlich, rechtlich;** Bild: Beim *L*idl gibt's jetzt *Igel*. Das ist **rechtlich** unbedenklich.

leisure ['leʒə] *[leschä]* **Freizeit;** Bild: In meiner **Freizeit** trage ich *leger*e Freizeitklamotten.

lend to ['lend] *[lend]* **(Geld) verleihen;** Bild: Wie oft hab' ich schon Geld an dich verliehen, damit du dir deine Schweine-*lend*chen kaufen konntest?

lessee [le'si:] *[le-sih]* **Pächter(in), Mieter(in);** Bild: Dem **Mieter** gehört *Lessie* (Filmhund).

let to [let] *[let]* **vermieten;** Bild: Man kann die eigenen *LED*-Lichter **vermieten.**

letter ['letə] *[lettä]* **Brief;** Bild: Auf einem **Brief** sind zwei B*lätter* aufgeklebt. Bild: Der **Brief** wird mit *Lätta*-Margarine (Marke) bestrichen.

liability [laɪə'bɪlətɪ] *[laiä-biliti]* **Haftung, Verbindlichkeit;** Bild: Wir übernehmen keine **Haftung,** wenn der Leierkastenmann auf seiner *Leier* spielt und die *Pille* im *Te*e landet.

liability insurance [laɪə'bɪlətɪ ɪn'ʃʊrəns] *[laiä-biliti in-schuräns]* **Haftpflichtversicherung;** Bild: Ich *leih' Billy* (z. B. Idol, Joel) ein *T*-Shirt. Der steckt es *in* seinen *Schul*ranzen. Es geht kaputt. Den Schaden ersetzt die **Haftpflichtversicherung.**

liable ['laɪəbl] *[laiäbl]* **haftbar, verpflichtet;** Bild: Du machst dich **haftbar,** wenn du ihr den *Apple* (Marke) *leih*st.

licence UK, license US ['laɪsns] *[laisns]* **Genehmigung, Lizenz;** Bild: Leise sind sie (*leis' sind's*) – die auf ihre **Genehmigung** warten.

limit ['lɪmɪt] *[limit]* **Grenze;** Bild: Ich gehe an die **Grenze** und nehme Bruce *Lee* (Kampfkünstler) *mit*.

limited ['lɪmɪtɪd] *[limitid]* **begrenzt, beschränkt;** Bild: Bruce *Lee* (Kampfkünstler) *mit Titt*en wartet am **beschrä(a)nkten** Bahnübergang.

liquidate to ['lɪkwɪdeɪt] *[likwidäit]* **auflösen, flüssig machen;** Bild: Ich *lieg wie*

*Det*lef (z. B. Buck, Schauspieler und Regisseur) in der Sonne und **löse** mich **auf.**

M

loan to [ləʊn] *[loun]* **verleihen;** Bild: *Verleih* den **Lohn!**

loan [ləʊn] *[loun]* **Darlehen, Anleihe;** Bild: Mein ganzer *Lohn* geht drauf, um mein **Darlehen** abzuzahlen.

location [ləʊ'keɪʃn] *[lou-käischn]* **Standort, Lage;** Bild: Der **Standort** ist gut. Hier kann man die *Lok keschen* (mit einem Kescher).

logo ['ləʊgəʊ] *[lougou]* **Logo, Emblem;** eingedeutschtes Wort.

long-distance traffic [lɒŋ'dɪstəns 'træfɪk] *[long-distäns träfik]* **Fernverkehr;** Bild: Im **Fernverkehr** *traf ich* selbst auf *lang*er *Distanz* niemanden.

long-term ['lɒŋtɜːm] *[longtöhm]* **langfristig;** Bild: **Langfristig** sind die *lang*en *Därm*e für die Verdauung gut.

loss [lɒs] *[loss]* **Verlust;** Bild: Der **Verlust** war groß, daher kaufte sie sich ein *Los* an der Losbude.

lull [lʌl] *[lal]* **Flaute;** Bild: Während der **Flaute** fingen alle an zu *lall*en.

lump sum ['lʌmp sʌm] *[lamp sam]* **Pauschalsumme;** Bild: Ich bin *Lamp*en*sammm*ler und zahle für die fünf Lampen eine **Pauschalsumme.**

made-to-order [meɪdtu'ɔ:də] *[mäidtuohdä]* **auf Bestellung, kundenspezifisch;** Bild: **Auf Bestellung** bekommt man auch eine *med*izinische *Torte.* Bild: Es gibt auch *Mett*wurst mit Ei*dotte*r, ganz **kundenspezifisch.**

mail-order ['meɪlɔ:də] *[mäilohdä]* **Versand...;** Bild: Ich schütte *Mehl* in die *Oder.* Das ist eine neue **Versand**strategie.

maintain to [meɪn'teɪn] *[mäin-täin]* **aufrechterhalten, warten;** Bild: *Mein* und *dein* Auto müssen wir regelmäßig **warten** lassen.

majority [mə'dʒɒrəti] *[mä-dscharäti]* **Mehrheit, Majorität;** Bild: Die **Mehrheit** ist für *meh*r *Charité* (französisch für Barmherzigkeit, auch berühmtes Krankenhaus in Berlin).

make to [meɪk] *[mäik]* **herstellen, treffen;** Bild: Beim *Mc*Donald werden die Hamburger **hergestellt.** Bild: Immer wenn sie wichtige Entscheidungen **treffen,** wird hinterher ge*meck*ert.

malfunction [mæl'fʌŋkʃn] *[mäl-fangkschn]* **versagen, schlecht funktionieren;** Bild: Hier der Sack *Mehl – Fang schon*! Bitte nicht **versagen!**

manufacture to [mænju'fæktʃə] *[mänjufäktschä]* **herstellen;** Bild: *Manu*(ela) *fegt* eine *Scher*(e) weg. Sie sollte die Schere eigentlich **herstellen.**

manufacturer [mænju'fæktʃərə] *[mänju-fäktschärä]* **Hersteller;** Bild: *Manu*(el) *fegt* eine *Schere* weg. Er war der **Hersteller** der Schere.

margin ['mɑːdʒɪn] *[mahdschin]* **Spanne, Marge, Grenze;** Bild: Ich messe *Matsch in* der Hand**spanne.**

mark-down ['mɑːkdaʊn] *[mahkdaun]* **Preissenkung;** Bild: Ich hab im *Mag*en *Daun*en, wenn ich an die **Preissenkung** denke.

market to ['mɒːkɪt] *[mahkit]* **vertreiben, vermarkten;** Bild: Ich *mag* (Fenster)*kitt.* Der wurde ja auch bestens **vermarktet.**

market ['mɑːkɪt] *[mahkit]* **Markt;** Bild: *Margit* verkauft auf dem **Markt.**

market share ['mɑːkɪt ʃeə] *[mahkit scheä]* **Marktanteil;** Bild: Mit *Margit*'s *Scher*e werden die **Marktanteil**e abgeschnitten.

maturity [mə'tjʊərətɪ] *[mä-tjuäräti]* **Fälligkeit;** Bild: Auf eine *matt*e *Uhr* schaut *E.T.* und bemerkt, dass die **Fälligkeit** bereits überschritten wurde.

means of payment ['miːnz əv 'peɪmənt] *[mihns of päimänt]* **Zahlungsmittel;** Bild: In manchen Ländern gilt *Minz*e *auf Piment* (Gewürz) als offizielles **Zahlungsmittel.**

media ['miːdɪə] *[mihdiä]* **Medien;** Bild: Im *Media*-Markt gibt es alle **Medien** (Radio, TV, Zeitungen, usw.).

medium ['miːdɪəm] *[mihdiäm]* **mittlere(r, s);** Bild: *Mit ihm* zusammen erreiche ich nur **mittleres** Niveau.

meeting ['miːtɪŋ] *[mihting]* **Treffen, Besprechung, Sitzung;** Bild: »*Miet* das *Ding*« ist das Motto der **Besprechung.**

member ['membə] *[membä]* **Mitglied;** Bild: Jedes **Mitglied** ist eine *Memm*e und hat Angst vorm *Bär.*

memorandum [memə'rændəm] *[memä-rändäm]* **Aktennotiz, Mitteilung, Vermerk;** Bild: Die *Memme rennt dem* **Vermerk** hinterher.

merchandise ['mɜːtʃndaɪz] *[möhtschn-dais]* **Ware;** Bild: Der *Mörd*er trank *Gin* mit *Eis*, als er die **Ware** entgegennahm.

merchandising ['mɜːtʃndaɪzɪŋ] *[möht-schndaising]* **Merchandising, Verkaufsförderung;** Bild: Der *Mörd*er trinkt *Gin* mit *Eis* und *sing*t. Das ist auch eine Art **Verkaufsförderung.**

merchant ['mɜːtʃnt] *[möhtschnt]* **Händler(in);** Bild: Der *Mörd*er, als *Gent*leman gekleidet, gab sich als **Händler** aus.

message ['mesɪdʒ] *[messidsch]* **Nachricht, Mitteilung;** Bild: Ich sitze mit *Messi* (Fußballer) am *Tisch* und schaue **Nachricht**en.

method ['meθəd] *[mesäd]* **Verfahren, Methode;** Bild: Es gibt eine **Methode,** wie man richtig mit dem Messer herum*messert.*

mine [maɪn] *[main]* **Bergwerk, Mine, Grube;** Bild: Durch das **Bergwerk** fließt der *Main.*

mine to [maɪn] *[main]* **abbauen, fördern;** Bild: Aus dem *Main* **fördert** man Sand.

minute to ['mɪnɪt] *[minit]* **protokollieren;** Bild: Die Frau mit dem *Mini-T-*Shirt **protokolliert** die Besprechung.

miscalculation [mɪskælkjʊ'leɪʃn] *[miskälkju-läischn]* **Fehlkalkulation, Rechenfehler;** Bild: Die *Miss Kahl-Kuh* (schönste Kuh ohne Haare) kann zwar *leschn* (lesen), macht aber ständig **Rechenfehler.**

misdirect [mɪsdaɪ'rekt] *[misdai-rekt]* **falsch adressieren;** Bild: Das *Mist-Ei* (Ei im Mistnest) *regt* sich auf, weil es **falsch adressiert** war.

mismanagement [mɪs'mænɪdʒmənt] *[mismänidschmänt]* **Misswirtschaft, Missmanagement;** eingedeutschter Begriff.

mission statement ['mɪʃn 'steɪtmənt] *[mischn-stäitment]* **Grundsatzerklärung;** Bild: Wir *mischen Zement* und betonieren unsere **Grundsatzerklärung** ein.

mixed cargo [mɪkst 'kɑ:gəʊ] *[mikst kahgou]* **Stückgut;** Bild: Der *Mix*er wird als **Stückgut** (Einzelstück) nach Chi*cago* verschickt.

monetary ['mʌnɪtrɪ] *[mannitri]* **monetär, Geld…, Währungs…;** Bild: *Manni*'s *Tri*angel war nach der **Währungs**union doppelt so teuer.

money ['mʌnɪ] *[manni]* **Geld;** Bild: *Manni* (Manfred) hält einen Stapel **Geld** in seiner Hand.

money-maker ['mʌnɪmeɪkə] *[mannimäikä]* **Verkaufserfolg;** Bild: *Manni mecker*t, weil er keinen **Verkaufserfolg** nachweisen kann.

moonlight to ['mu:nlaɪt] *[muhnleit]* **schwarzarbeiten;** Bild: Die **Schwarz**en **arbeit**en im *Mondlicht.*

mortgage ['mɔ:gɪdʒ] *[mohgitsch]* **Hypothek;** Bild: Ich *mog* (bayerisch für: »ich mag«) *Kitsch.* Auf meinem Haus ist zwar eine **Hypothek,** aber für den Kredit der Bank kann ich mir genügend *Kitsch* kaufen.

motivation [məʊtɪ'veɪʃn] *[mouti-wäischn]* **Motivation;** Bild: *Mutti* sein *wär' schön.* Das ist meine **Motivation.**

multitasking [mʌltɪ'tɑ:skɪŋ] *[malti-tahsking]* **Multitasking;** eingedeutschtes Wort.

mutual ['mju:tʃʊəl] *[mjuhtschuäl]* **gemeinsam, beiderseitig, gegenseitig;** Bild: **Gemeinsam** machen wir uns *Mut* und gehen in die *Schul*e.

N

national insurance *UK* ['næʃnəl ɪn'ʃʊərens] *[näschnel in-schuäräns]* *Sozialversicherung;* Bild: *Nasch schnell* – und dann zurück *in* den *Schulranz*en, sonst zahlst du mehr **Sozialversicherung**sbeiträge.

nationalization [næʃnəlaɪ'zeɪʃn] *[näschnelai-säischn* *Verstaatlichung;* Bild: *Nasch schnell Ei*, und zwar *se*hr *schön*, bevor im Zuge der **Verstaatlichung** auch die Eier nicht mehr ohne Weiteres zu haben sind.

nationalize to ['næʃnəlaɪz] *[näschnelais]* *verstaatlichen;* Bild: *Nasch schnell Eis*, bevor es **verstaatlicht** wird.

nationwide [neɪʃn'waɪd] *[näischnweid]* *landesweit;* Bild: **Landesweit** *nasch*en alle von der *Weid*e.

need [ni:d] *[nihd]* *Notwendigkeit, Bedarf;* Bild: Es ist eine **Notwendigkeit**, dass man zum *Niet*en *Niet*en braucht.

net [net] *[net]* *netto, Netto…, Rein…;* Bild: **Netto** ist *nett*.

network ['netwɜːk] *[netwöhk]* *Netzwerk;* Bild: Nur die *net*ten *Werk*e (Atomkraftwerke) sind im **Netzwerk** (vernetzt).

non-branded [nɒn'brændɪd] *[non-brändid]* *markenfrei;* Bild: Bei der *Non*ne *brenn*t die *Tit*te, weil sie **markenfreie** Kleidung trägt.

non-returnable [nɒnrɪ'tɜːnəbl] *[nonritöhnäbl]* *Einweg…, nicht umtauschbar;* Bild: Die *Non*ne reitet mit dem *Ritter* durch den *Nebel*, um die **Einweg**flaschen abzugeben. Sie waren aber **nicht umtauschbar**.

note [nəʊt] *[nout]* *Notiz, Vermerk, Banknote;* Bild: Ich bin in (See)*not* und schreibe eine **Notiz** in mein Tagebuch. Bild: Ich bin in (See)*not* und finde eine **Banknote** im Wasser.

notice ['nəʊtɪs] *[noutis]* *Bescheid, (öffentliche) Mitteilung, Kündigung;* Bild: Ihm wurde die **Kündigung** als *Notiz* ausgehändigt.

notifiable ['nəʊtɪfaɪəbl] *[noutifeiäbl]* *meldepflichtig;* Bild: Wenn bei der *Not*envergabe auf der *Feier* alle *bl*au sind, dann ist das **meldepflichtig** und einer muss beim Feuer**melder** die **Pfl**aume drücken.

nullify to ['nʌlɪfaɪ] *[nallifei]* *annullieren, ungültig machen;* Bild: Da alle Flüge **annulliert** wurden, bearbeitet Andrea *Nahle*s (Politikerin) mit der Nagel*fei*le ihre Fingernägel.

O

objection [əb'dʒekʃn] *[ob-dschekschn]* *Beanstandung, Einwand;* Bild: Joda (von Star Wars) fragt bei der Besprechung **eine Wand**: *Ob* ge*checkt sch*on der **Einwand** ist?

obligation [ɒblɪ'geɪʃn] *[obli-gäischn]* **Verpflichtung, Pflicht;** Bild: *Ob*en *lie*gt die *Geisch*a (japanische Unterhaltungskünstlerin). Das ist ihre **Pflicht.**

obligatory [ə'blɪgətrɪ] *[o-bligätri]* **obligatorisch, verpflichtend;** Bild: *Ob*en *lie*gt das *Getri*ebe im Motor, das ist **obligatorisch.**

offer ['ɒfə] *[ofä]* **Angebot;** Bild: Das **Angebot** befindet sich im K*offer.*

offer to ['ɒfə] *[ofä]* **anbieten;** Bild: Wir können Ihnen einen günstigen K*offer* **anbieten.**

office ['ɒfɪs] *[ofis]* **Büro, Kanzlei, Filiale;** Bild: *Oh,* wie *fies* geht es in diesem **Büro** zu.

officer ['ɒfɪsə] *[ofisä]* **Beamter, Beamtin;** Bild: *Oh,* du *fieser* **Beamter.**

official [ə'fɪʃl] *[ä-fischl]* **offiziell, amtlich;** Bild: Ein Fischli (*Ä Fischl*) trägt **amtlich** (im Standes**amt**) seinen Namen mit sich herum.

officialdom [ə'fɪʃldəm] *[ä-fischldäm]* **Bürokratie, Beamtentum;** Bild: Die **Bürokratie** schreibt vor, dass ein Fischli (*ä Fischl*) nicht in einer *Däm*mung vorkommen darf.

offset to ['ɒfset] *[ofset]* **ausgleichen;** Bild: Wenn ich einen Hut *aufsetz'*, dann kann ich mein Ungleichgewicht **ausgleichen.**

on call [ɒn 'kɔːl] *[on kohl]* **auf Abruf;** Bild: Es ist kein Problem, wenn ich mal *ohn*e *Kohl*e bin, denn die Kohle kann ich **auf Abruf** mir wieder beschaffen.

open to ['əʊpən] *[oupän]* **öffnen;** Bild: Die Flasche bitte immer *oben* **öffnen.**

open ['əʊpən] *[oupän]* **offen, geöffnet;** Bild: Die Flasche ist immer *oben* **offen.**

operate to ['ɒpəreɪt] *[opäräit]* **in Betrieb sein, betätigen;** Bild: *Oh,* wir sind *bereit* und wollen uns **betätigen.** Bild: Der *Opa rät,* dass die Maschine in Betrieb sein soll.

operation [ɒpə'reɪʃn] *[opä-räischn]* **Bedienung, Betrieb, Geschäft;** Bild: Die **Bedienung** ist einfach: Selbst der *Opa* kann das *Re*h *schön* bedienen.

option ['ɒpʃn] *[opschn]* **Option, Vorkaufsrecht;** Bild: Ob hässlich, *ob schön*: Du bekommst das **Vorkaufsrecht.**

optional ['ɒpʃnəl] *[opschnäl]* **freiwillig, auf Wunsch erhältlich;** Bild: Ob langsam, *ob schnell*: Bei uns sind alle Modelle (Autos) **auf Wunsch erhältlich.**

order to ['ɔːdə] *[ohdä]* **bestellen, in Auftrag geben, anordnen;** Bild: Ich habe **angeordnet,** dass die *Oder* (Fluss) an meinem Haus vorbeifließt.

order ['ɔːdə] *[ohdä]* **Auftrag, Bestellung;** Bild: Meine **Bestellung** schwimmt auf der *Oder* (Fluss) daher.

outbid to [aʊt'bɪd] *[aut-bid]* **überbieten;** Bild: Für den *Aut*o-*Pit*bull wurde ich **überboten.**

outdated [aʊt'deɪtɪd] *[aut-däitid]* **überholt, veraltet;** Bild: Das *Aut*o *d*er *Edith* ist total **veraltet.**

outlay ['aʊtleɪ] *[autläi]* **Ausgaben, Kosten;** Bild: Die **Ausgaben** für die *Aut*o-*Lehn*e (Armlehne) sind hoch.

outlook ['aʊtlʊk] *[autluk]* **Aussichten;** Bild: Die **Aussichten** aus der *Aut*o-*Lu*ke sind gut.

output ['aʊtpʊt] *[autput]* **Produktion, Ausstoß;** Bild: Bei der **Produktion** werden Mitarbeiter *au*sge*buht*.

outsource to ['aʊtsɔ:s] *[autsohs]* **an Fremdfirmen vergeben, auslagern;** Bild: Das *Aut*o mit *Soß*(e) wird **an eine Fremdfirma vergeben.**

overdraft ['əʊvədrɑːft] *[ouvädrahft]* **Kontoüberziehung;** Bild: Die **Kontoüberziehung** muss ich erst mal *oh*! ... *ver(d)kraft*en. Bild: Wenn man am *Koffertraf*o dreh*t*, wird die **Kontoüberziehung** reguliert.

overdraw to [əʊvə'drɔː] *[ouwä-droh]* **überziehen (Konto);** Bild: Die *Kofferdroh*ne wird mit dem **Konto**auszug **überzogen.**

overdue [əʊvə'djuː] *[ouvä-djuh]* **überfällig;** Bild: Heute trägst den (Geld) *K*offer *du*. Das ist jetzt mal **überfällig** (nach dem Überfall).

overestimate to [əʊvər'estɪmeɪt] *[ouwer-estimäit]* **überschätzen, überbewerten;** Bild: Aus dem *K*offer *ess die Met* (Wurst), aber **überschätze** dich nicht dabei.

overload to [əʊvə'ləʊd] *[ouwä-loud]* **überladen, überlasten;** Bild: Der LKW hat zu viele Pull*over* ge*lad*en und kommt aus dem *Lot*. Er ist **überladen.**

overseas [əʊvə'siːz] *[ouwä-sihs]* **nach Übersee, in Übersee, im Ausland;** Bild: Die Pull*over* aus *Sis*al (daraus werden normalerweise Teppiche gemacht) werden nach **Übersee** verkauft.

owe to [əʊ] *[ou]* **schulden;** Bild: *Oh*! – Ich **schulde** dir noch Geld. Ich hab's total vergessen.

own to [əʊn] *[oun]* **besitzen, haben;** Bild: *Ohn*e Geld kann ich nichts **haben.**

owner ['əʊnə] *[ounä]* **Besitzer(in);** Bild: Die Haus**besitzerin** bewegt sich immer oben *ohne* durch ihr Haus.

ownership ['əʊnəʃɪp] *[ounäschip]* **Besitz;** Bild: *Ohne Schipp*e (Schaufel) konnte er seinen gesamten **Besitz** nicht wegräumen.

P

pack to [pæk] *[päk]* ***packen, einpacken;*** Bild: Der *Bäck*er **packt** mir zwei Brötchen in die Tüte.

parcel ['pɑ:sl] *[pahsl]* ***Paket, Parzelle;*** Bild: Ich bekomme ein **Paket** aus *Basel.*

parent company ['peərənt 'kʌmpənı] *[peäränt kampäni]* ***Muttergesellschaft, Stammhaus;*** Bild: Das *Pär*chen *rennt* durch die *Kompanie* und möchte ins **Stammhaus.**

participant [pɑ:'tısıpənt] *[pah-tisipänt]* ***Teilnehmer(in);*** Bild: Die **Teilnehmerin** auf der *Party: Sie pennt.*

participate to [pɑ:'tısıpeıt] *[pah-tisipä-it]* ***sich beteiligen, teilnehmen;*** Bild: Alle **beteiligen sich** an der *Party. Sie bet*et.

participation [pɑ:'tısıpeıʃn] *[pah-tisipäisch]* ***Teilnahme, Beteiligung;*** Bild: Die Bedingung für die **Teilnahme**: Dass auf der *Party sie Pei*tsch*en* verteilt.

particulars *(pl)* [pə'tıkjələz] *[pä-tikjäläs]* ***Einzelheiten;*** Bild: Ein *paar dick*e *Ullas* unterscheiden sich nur in **Einzelheiten.**

partnership ['pɑ:tnəʃıp] *[pahtnäschip]* ***Partnerschaft, Personengesellschaft, Sozietät;*** Bild: In einer **Partnerschaft** hat jeder *Partner* die gleiche *Schip*pe.

part-time ['pɑ:ttaım] *[pahtaim]* ***(in) Teilzeit…, stundenweise;*** Bild: Sie hatte einen **Teilzeit**job im *Bart-Heim* (alle Heimbewohner sind Bartträger).

patent to ['peıtənt] *[päitent]* ***patentieren lassen;*** Bild: *Betend* kniete er vor Patentamt, bevor er seine Idee **patentieren ließ.**

pay to [peı] *[päi]* ***bezahlen, zahlen;*** Bild: Ich hab' mein Tou*pet* schon **bezahlt.**

payment ['peımənt] *[päimänt]* ***Zahlung, Bezahlung;*** Bild: Die **Zahlung** für das *Piment* (Lebkuchengewürz) erfolgte in bar.

pending ['pendıŋ] *[pending]* ***anstehend, schwebend;*** Bild: Das *Pend*el-*Ding* ist ein **schwebend**es Ding.

pension ['penʃn] *[penschn]* ***Rente, Pension;*** Bild: Er *pennt schon* jetzt, obwohl er noch nicht in **Rente** ist.

per cent *UK,* **percent** *US* [pə'sent] *[pä-sent]* ***Prozent;*** Bild: Der *Bär sehnt* sich nach ein paar **Prozent** Nachlass.

perform to [pə'fɔ:m] *[pä-fohm]* ***leisten, erfüllen;*** Bild: Durch die Erfindung der *Bär-Form* für Gummibärchen konnte man einen Kinderwunsch **erfüllen.**

period ['pıərıəd] *[piäriäd]* ***Periode, Zeitspanne;*** Bild: Eine **Periode** lang hatten die Bayern *Bier* aus *Riad*

(Hauptstadt von Saudi-Arabien) getrunken und keiner hat's gemerkt.

perishable ['perɪʃəbl] *[perischäbl]* **leicht verderblich;** Bild: Der *bärische Apple* (Computer) ist **leicht verderblich.**

permission [pɜː'mɪʃn] *[pöh-mischn]* **Erlaubnis, Genehmigung;** Bild: Der *Bär* darf die Farbe *mischen*. Dafür hat er eine **Genehmigung.**

permit to [pə'mɪt] *[pä-mit]* **erlauben, gestatten;** Bild: Darf der *Bär mit*? – Das **erlaube** ich dir nicht.

personal loan ['pɜːsənl ləʊn] *[pöhsänl loun]* **Personalkredit;** Bild: Die Bank gewährt einen **Personalkredit,** weil an den *Börsen* ein B*allon* platzt.

personnel [pɜːsə'nel] *[pöhsä-nel]* **Personal, Belegschaft;** Bild: Die komplette **Belegschaft** bekommt eine *böse Nel*ke geschenkt.

place to [pleɪs] *[pläis]* **platzieren;** Bild: Platzanweiser: »Sie können sich vor den *Bläs*ern **platzieren.**«

placement UK ['pleɪsmənt] *[pläisment]* **Arbeitsstelle, Praktikum;** Bild: Die *Bläs*er der Blaskapelle müssen *Men*thol-Bonbons lutschen, damit sie ihre **Arbeitsstelle** behalten.

plant [plɑːnt] *[plahnt]* **Werk, Anlage;** Bild: Mitten in die Bananen*plant*age hat man das **Werk** gebaut.

policy ['pɒləsɪ] *[poläsi]* **Politik, Verfahrensweise;** Bild: In der **Politik** wird über den *Po* von *Lassie* (Filmhund) debattiert.

pollution [pə'luːʃn] *[po-luhschn]* **Verschmutzung;** Bild: Bei **Verschmutzung** bitte am *Po lut*schen.

port [pɔːt] *[poht]* **Hafen;** Bild: Im **Hafen** liegt nur ein einziges *Boot*.

portable ['pɔːtəbl] *[pohtebl]* **tragbar;** Bild: Das neue *Boot* von *Apple* (Firma) ist **tragbar.**

portfolio [pɔːt'fəʊlɪəʊ] *[poht-fouliou]* **Portfolio, Mappe;** Bild: Das *Boot* ist mit *Folie* zugedeckt, damit die **Mappe** geschützt ist.

position to [pə'zɪʃn] *[po-sischn]* **aufstellen, platzieren, positionieren;** Bild: Er kann mit seinem *Po zischen* und hatte sich dadurch besser **platzieren** können.

position [pə'zɪʃn] *[po-sischn]* **Position, Stellung, Situation;** Bild: In seiner **Stellung** durfte er auch mit seinem *Po zischen*.

possess to [pə'zes] *[po-ses]* **besitzen, haben;** Bild: Mit meinem *Po* sitze ich auf dem *Sess*el, weil ich genau diesen Sessel **besitzen/haben** möchte.

post UK to [pəʊst] *[poust]* **aufgeben, mit der Post verschicken;** Bild: Das *Post*er wird **mit der Post verschickt.**

postpone to [pə'spəʊn] *[po-spoun] verschieben, aufschieben;* Bild: Der Mafia-*Boss* **verschiebt** eine Kaffee-*Bohn*e.

power ['paʊə] *[pauä] Strom, Leistung;* Bild: Der *Bauer* wird für seine Lebens**leistung** geehrt. Bild: Der *Bauer* bekommt einen **Strom**schlag.

prearrange to [pri:ə'reɪndʒ] *[prihä-räindsch] vorher abmachen, vorher bestimmen;* Bild: Es wurde schon **vorher abgemacht**, dass wir einen *Bree* (Käse) an den *Herr*n der *Ranch* schicken.

precaution [prɪ'kɔːʃn] *[pri-kohschn] Vorsichtsmaßnahme;* Bild: Damit keine Fliegen in den Mund fliegen, legt man *Bree*-Käse auf die *Goschen* (den Mund). Das ist nur eine **Vorsichtsmaßnahme**.

preferential rate [prefə'renʃl 'reɪt] *[prefe-renschl räit] Ausnahmetarif;* Bild: Die *Briefe* im *Rennstall* werden mit einem *Reit*er zum **Ausnahmetarif** versendet.

premises *(pl)* ['premɪsɪz] *[premisis] Grundstück, Gelände, Räumlichkeiten;* Bild: Wo befindet sich das **Grundstück**? In *Brem*en *is' es*!

prepay to [pri:peɪ] *[prihpäi] im Voraus bezahlen;* Bild: Den *Bree* (Käse) fürs *Ba*by musst du bei *eBay* (Online Marktplatz) **im Voraus bezahlen**.

presentation [prezn'teɪʃn] *[presn-täischn] Vorlage, Präsentation;* Bild: Die (Kopier)**Vorlage** ist so klein. Die kann man auch *press*en in die *Täsch*chen.

preside over to [prɪ'zaɪd əʊvə] *[pri-said ouwä] den Vorsitz haben über;* Bild: Wer den *Bree* (Käse) mit *Seid*e in den *Ofe*n schiebt, **hat** den **Vorsitz über** ..., weil er **vor** dem Ofen **sitzt**.

press conference ['pres 'kɒnfərəns] *[pres konfäräns] Pressekonferenz;* hört sich im Deutschen ähnlich an.

pre-tax [pri:'tæks] *[prih-täks] brutto, vor Abzug der Steuer;* Bild: **Vor Abzug der Steuer** ist der *Bree* (Käse) aus *Tex*as teuer.

price [praɪs] *[prais] Preis, Kurs;* hört sich im Deutschen ähnlich an.

principal ['prɪnsɪpl] *[prinsipl]* **Haupt…;** Bild: Der *Prinz* mit *Zipp*er*l*ein (Krankheiten) ist der **Haupt**patient.

private limited company (Ltd) *UK* ['praɪvət 'lɪmɪtɪd 'kʌmpənɪ] *[praiwet limitid kampäni]* **Gesellschaft mit beschränkter Haftung (GmbH);** Bild: Der *Brei* ist *fett*. Deshalb muss Bruce *Lee mit Tit*ten herumlaufen und wird in der *Kompanie* (Bundeswehr) gemobbt. Aus Trotz gündet er nun eine **GmbH**.

proceeds *(pl)* ['prəʊsiːdz] *[prousihts]* **Erlös, Ertrag;** Bild: *Pro Sitz* bitte 5 € spenden. Der **Erlös** geht ans Theater.

process to ['prəʊses] *[prouses]* **bearbeiten;** Bild: Das **Bearbeiten** *pro Ses*sel dauert nicht lange.

process ['prəʊses] *[prouses]* **Verfahren, Prozess;** Bild: Während des **Verfahren**s war jeweils *pro Sess*el ein Journalist vorgesehen.

produce to [prə'djuːs] *[pro-djuhs]* **produzieren, herstellen;** Bild: Ins *Brot tu's* (Pistole einbacken), wenn du das Brot **produzierst**.

product ['prɒdʌkt] *[prodakt]* **Produkt;** eingedeutschtes Wort.

production [prə'dʌkʃn] *[prä-dakschn]* **Produktion, Herstellung;** eingedeutschtes Wort.

profession [prə'feʃn] *[pro-feschn]* **Beruf;** Bild: Professor (*Prof.*) für *Eschen* ist ein seltener **Beruf**.

profit ['prɒfɪt] *[profit]* **Gewinn, Profit;** hört sich im Deutschen ähnlich an.

profitability [prɒfɪtə'bɪlətɪ] *[profitä-biläti]* **Rentabilität;** Bild: Der *Profi de*r *bil-li*gen *Te*es berechnet die **Rentabilität**.

profitable ['prɒfɪtəbl] *[profitäbl]* **rentabel;** Bild: Der *Prof.* (Professor) hält sich *fit* am *Apple* (Computer) und errechnet, ob seine Rente **rentabel** ist.

profiteer [prɒfɪ'tɪə] *[profitiä]* **Geschäftemacher;** Bild: Das *Profi-Tier* ist ein **Geschäftemacher,** der *prof*essionell mit *Tier*en handelt.

profiteering [prɒfɪ'tɪərɪ] *[profi-tiäring]* **Wucher, Preistreiberei;** Bild: Der *Profi*-Handel mit dem *Tier-Ring* ist totaler **Wucher**.

progress report ['prəʊgres rɪ'pɔːt] *[prougres ri-poht]* **Zwischenbericht;** Bild: Im **Zwischenbericht** stand, dass die *Brock*en-*Rest*e das *Re*h im *Boot* bekam.

project management ['prɒdʒekt 'mænɪdʒmənt] *[prodschekt mänitschmänt]* **Projektmanagement;** eingedeutschter Begriff.

promote to [prə'məʊt] *[prä-mout]* **befördern, werben für;** Bild: Wir **werben** auf Plakaten **für** die *Pro*mi *Maut*.

promoter [prə'məʊtə] *[prä-moutä]*
Förderer, Förderin, Veranstalter(in);
Bild: Ein **Förderer** ist immer auch ein
*Prom*i-*Motor*.

promotion [prə'məʊʒn] *[prä-mouschn]*
Werbung; Bild: In der **Werbung** sieht
man, dass *Prom*is in *Mosche*en gehen.

property ['prɒpətɪ] *[propäti]* **Eigentum,
(Grund-)Besitz, Eigenschaft;** Bild: In
meinem **Besitz** befindet sich das be-
kannte weiße Meister *Proper* (Putzmit-
tel) *T*-Shirt.

property insurance ['prɒpətɪ ɪn'ʃʊərens]
[propäti in-schuäräns] **Sachversiche-
rung;** Bild: Das weiße Meister *Proper*
(Putzmittel) *T*-Shirt steck ich gleich *in*
meinen *Schul*ranzen. Das ist die beste
Sachversicherung.

proposal [prə'pəʊzl] *[prä-pousl]* **Vor-
schlag;** Bild: Ich habe einen **Vor-
schlag**: Da unser Proberaum zu klein
ist, ziehen wir um in einen *Probes*aa*l*.

prosperity [prɒ'sperətɪ] *[pro-späriti]*
Wohlstand; Bild: *Pros*t *Bär* und *E.T.*
(Film-Außerirdischer). Wir trinken auf
den **Wohlstand.**

provide to [prə'vaɪd] *[pro-faid]* **be-
schaffen, (be)liefern, zur Verfügung
stellen;** Bild: Der *Prof.* schwört den
Eid, dass er alles **beschaffen** kann, was
ich möchte.

provider [prə'vaɪdə] *[pro-faidä]*
Anbieter(in); Bild: Der **Anbieter** bie-
tet dem *Prof. Eiter* an.

public ['pʌblɪk] *[pablik]* **öffentlich, Öf-
fentlichkeit;** Bild: Der *Pub lieg*t in der
Öffentlichkeit.

public limited company (plc) *UK*
['pʌblɪk 'lɪmɪtəd 'kʌmpənɪ] *[pablik li-
mitid kampäni]* **Aktiengesellschaft
(AG);** Bild: Mitarbeiter (mit Aktien in
der Hand) der **Aktiengesellschaft** woll-
ten unbedingt noch ein *paar Blick*e auf
Bruce *Lee mit Tit*ten in der *Kompanie*
erhaschen.

publicity [pʌb'lɪsətɪ] *[pab-lisety]* **Wer-
bung;** Bild: Um **Werbung** für sich zu
machen, zieht im *Pub Lizzy* ihr *T*-Shirt
aus.

purchase to ['pɜːtʃəs] *[pöhtsches]* **kau-
fen, erwerben;** Bild: Man kann von
Bert (z. B. Brecht, Cindy und …) einen
Schiss käuflich **erwerben.**

purchase ['pɜːtʃəs] *[pöhtsches]* **Kauf,
Anschaffung;** Bild: Man kann von *Bert*
(z. B. Brecht) einen *Schiss* durch **Kauf**
erwerben.

purchaser ['pɜːtʃəsə] *[pöhtsche-
sä]* **Käufer(in);** Bild: Für *Bert*s (z. B.
Brecht) *Scheese* (altes Auto) sucht man
einen **Käufer.**

put off to [pʊt 'ɒf] *[put of]* **aufschieben, verschieben;** Bild: Die *Put*e im *off*enen *Of*en **verschieben** (von links nach rechts).

put through to [pʊt 'Θru:] *[put sruh]* **durchstellen, verbinden (Telefon);** Bild: Ich *putz* in *Ruh*' meine Brille, während man mich am Telefon **verbindet.**

Q

quality ['kwɒlətɪ] *[kwoläti]* **Qualität;** hört sich im Deutschen ähnlich an.

quantity ['kwɒntətɪ] *[kwantäti]* **Menge, Quantität;** Bild: Das *Gwand* (bayerisch für: Kleidungsstück) für den *Teddy* wurde in großer **Menge** hergestellt.

quarter ['kwɔ:tə] *[kwohtä]* **Quartal, Vierteljahr, Viertel…;** Bild: Am Ende des **Quartal**s bekomme ich einen *Quader* (geometrischen Körper) geschenkt.

questionnaire [kwestʃə'neə] *[kwestsche-neä]* **Fragebogen;** Bild: Im **Fragebogen** steht zum ankreuzen: 1. Horizontal ist schöner. 2. Vertikal ist schöner. 3. *Que*r i*st schöner.*

Fragebogen	
❏	Horizontal ist schöner
❏	Vertikal ist schöner
❏	*Quer ist schöner*

quit to [kwɪt] *[kwit]* **kündigen;** Bild: In machen Firmen bekommt man eine *Quitt*e, wenn man **gekündigt** wird.

R

raise to [reɪz] *[reis]* **erhöhen, anheben;** Bild: Ich **hebe** einen Sack *Reis* **an.**

range [reɪndʒ] *[räindsch]* **Entfernung, Reihe, Auswahl;** Bild: In der **Auswahl** des Immobilienmaklers befindet sich auch eine *Ranch.*

rate to [reɪt] *[räit]* **(ein)schätzen;** Bild: In der *Reit*schule wird die *Reit*kunst **eingeschätzt.**

rate [reɪt] *[räit]* **Satz, Tarif, Kurs;** Bild: In der *Reit*schule werden die Börsen**kurs**e angezeigt.

raw material [rɔ: mə'tɪərɪəl] *[roh mä-tiäriäl]* **Rohstoff, Rohmaterial;** hört sich im Deutschen ähnlich an.

rebate ['ri:beɪt] *[rihbäit]* **Rückzahlung, (Preis-)Nachlass;** Bild: Weil das *Reh* im *Beet* alles auffraß, gibt es einen **Preisnachlass** für das Beet.

recall to [rɪ'kɔ:l] *[ri-kohl]* **zurückrufen;** Bild: Das Tagesgericht »*Reh* mit *Kohl*« wurde von der Küche **zurückgerufen**.

receipt [rɪ'si:t] *[ri-siht]* **Erhalt, Quittung, Beleg;** Bild: Das *Reh sieht* auf den **Beleg**.

receive to [rɪ'si:v)] *[ri-sihv]* **bekommen, erhalten, empfangen;** Bild: Das *Reh* trinkt vom *Siph*on und **bekommt** einen Ausschlag.

recession [rɪ'seʃn] *[ri-seschn]* **Rezession;** hört sich im Deutschen ähnlich an. Bild: In einer **Rezession** ist das *Reh sehr schön*.

reciprocal [rɪ'sɪprəkl] *[ri-sipräkl]* **gegenseitig, wechselseitig;** Bild: *Resi bröckel*t **wechselseitig.** Mal rechts, mal links.

reckon to ['rekən] *[reckön]* **(be)rechnen, kalkulieren, schätzen;** Bild: Der *Recken* (Ritter) **berechnet** die Flugbahn seines Armbrustpfeiles.

recommend to [rekə'mend] *[rekämend]* **empfehlen;** Bild: Wir **empfehlen**: Das *Reh komm*t am *End*e der Veranstaltung persönlich bei Ihnen vorbei.

recovery [rɪ'kʌvərɪ] *[ri-kaferi]* **Aufschwung, Erholung, Rückgewinnung;** Bild: Das *Reh* in der *Café*teria sitzt auf der Schaukel und schwingt auf (**Aufschwung**), aber nicht mehr ab.

recruit to [rɪ'kru:t] *[ri-kruht]* **(an)werben, gewinnen;** Bild: Die *Rekrut*en der Bundeswehr werden **angeworben**.

recruitment [rɪ'kru:tmənt] *[ri-kruhtment]* **(An)werbung, Personalbeschaffung;** Bild: Die **Anwerbung** neuer *Rekrut*en geschieht mithilfe von *Menth*ol-Zigaretten.

redundancy [rɪ'dʌndənsɪ] *[ri-dandänsi]* **Redundanz, Arbeitslosigkeit (nach Rationalisierung), Entlassung;** Bild: Das *Reh* und die *Tanten si*tzen nach der **Entlassung** auf einer Bank.

reference ['refrəns] *[refräns]* **Referenz, Zeugnis;** Bild: Die *Refrains* der Schulhymne standen auf dem **Zeugnis**.

regret to [rɪ'gret] *[ri-gret]* **bedauern;** Bild: *Rick* (z. B. Kavanian, Astley) *red'* (bayerisch für: redet) einfach zu viel (im Bett). Das **bedauern** wir sehr.

reimburse to [ri:ɪm'bɜ:s] *[rih-im-böhs]* **entschädigen, zurückerstatten, ersetzen;** Bild: Das *Reh im Bus* wollte vom Busfahrer die Fahrtkosten **zurückerstattet** haben.

reinsurance [riːɪnˈʃʊərəns] *[rih-in-schuäräns]* **Rückversicherung;** Bild: Das »*Reh in Schul*ranzen« ist die beste **Rückversicherung**. Der Schulranzen **sichert** den **Rücken**.

release to [rɪˈliːs] *[ri-lihs]* **herausbringen, veröffentlichen;** Bild: Das *Reh liest* aus einem Buch, welches gerade aus der Druckerei **herausgebracht** wurde.

relocate to [riːləʊˈkeɪt] *[rihlou-käit]* **umziehen, verlegen;** Bild: Das *Reh* fährt mit der *Lok* zu *Kate* (Frau von Prince William), weil es **umziehen** möchte.

reminder [rɪˈmaɪndə] *[ri-maindä]* **Mahnung, Mahnbrief;** Bild: Meint er mich? – Nein! Mein *Reh meint er* in der **Mahnung**.

rent to [rent] *[rent]* **mieten, pachten;** Bild: Das *Rent*ier kann man **mieten**. Bild: Den *Rent*ner kann man **mieten**.

reopen to [riːˈəʊpən] *[rih-oupän]* **wieder (er)öffnen, wieder aufnehmen;** Bild: Man kann seit Jahrhunderten das *Reh oben* (Trojanisches Reh) endlich **wieder öffnen**.

repay to [riːˈpeɪ] *[rih-päi]* **abzahlen, erstatten;** Bild: Die gestohlene *Rippe* muss von ihr **abbezahlt** werden.

repeat order [rɪˈpiːt ˈɔːdə] *[ri-piht ohdä]* **Nachbestellung;** Bild: Die Nachbestellung beinhaltet eine *Rippe* von *Piet* (z. B. Klocke) in einem *Ord*ner.

report [rɪˈpɔːt] *[ri-poht]* **Bericht;** Bild: Das *Reh* im *Boot* schaut auf einen **Bericht**.

representation [reprɪzenˈteɪʃn] *[reprisen-täischn]* **Vertretung;** Bild: Meine **Vertretung** macht jetzt die *Reh-Prä-sentation*.

require to [rɪˈkwaɪə] *[ri-kwaiä]* **brauchen, benötigen, fordern;** Bild: Das *Reh* **benötigt** nicht nur ein G'weih (Geweih), sondern zwei *G'weihe*.

reserve to [rɪˈzɜːv] *[ri-söhf]* **reservieren (lassen);** Bild: Das *Reh surft* zum Restaurant und **lässt** sich für heute Abend einen Tisch **reservieren**.

resign to [rɪˈzaɪn] *[ri-sain]* **kündigen, zurücktreten;** Bild: Um ein *Reh sein* zu können, musst du erst einmal in der Höhle des Löwen **kündigen**.

resignation [rezɪgˈneɪʃn] *[resig-nä-ischn]* **Rücktritt, Kündigung;** Bild: *Riesige* Mengen zu *naschen*, ist in der Schokoladenfabrik der einzige Grund für eine **Kündigung**.

retail [ˈriːteɪl] *[rihtäil]* **Einzelhandel;** Bild: Im **Einzelhandel** hängt ein *Reh-Teil* von der Decke.

retailer ['ri:teɪlə] *[rihtäilä]* **Einzelhändler;** Bild: Der **Einzelhändler** verkauft ein *Reh* auf einem *Teller.*

retire to [rɪ'taɪə] *[ri-taiä]* **in Rente gehen;** Bild: Wenn man **in Rente geht**, ist plötzlich das *Reh teuer.*

retraining [ri:'treɪnɪŋ] *[rih-träining]* **Umschulung;** Bild: Das Wildschwein macht eine **Umschulung** und absolviert ein *Reh-Training.*

return to [rɪ'tɜːn] *[ri-töhn]* **zurücksenden;** Bild: Der *Ritt*er gab *Tön*e von sich, als er den Brief **zurückgesandt** hatte.

review to [rɪ'vjuː] *[ri-vjuh]* **überprüfen, erneut prüfen;** Bild: Bitte **überprüfen** Sie, ob sich ein *Reh* auf dem *Fuhr*park befindet.

review [rɪ'vjuː] *[ri-vjuh]* **Prüfung, Überblick;** Bild: Die **Prüfung** hat ergeben, dass sich ein *Reh* auf dem *Fuhr*park befindet.

revise [rɪ'vaɪz] *[ri-wais]* **überarbeiten;** Bild: Das *Reh* wird **überarbeitet** und *weiß* angestrichen.

reward to [rɪ'wɔːd] *[ri-wohd]* **belohnen;** Bild: Weil das *Reh* das *Wort* »**Belohnung**« sagte, wurde es **belohnt**.

reward [rɪ'wɔːd] *[ri-wohd]* **Belohnung;** Bild: Weil das *Reh* das *Wort* »**Belohnung**« sagte, bekam es eine **Belohnung**.

rise *UK,* raise *US* [raɪz UK, reɪz US] *[rais UK, räis US]* **Anstieg, Gehaltserhöhung;** Bild: Zu jeder **Gehaltserhöhung** gibt es einen Sack *Reis* obendrauf.

risk [rɪsk] *[risk]* **Risiko;** Bild: Ein **Risiko** ist immer *risk*ant. Bild: Der *Riss* in der *K*ante könnte zum **Risiko** werden.

rival ['raɪvl] *[raifl]* **Konkurrent(in), Konkurrenz…;** Bild: Die **Konkurrentin** wechselt den *Reif*en.

run to [rʌn] *[ran]* **leiten, betreiben, bedienen;** Bild: Einen *Ran*zen (Bauch oder Schulranzen) **bedienen**.

S

sack *(ugs.)* to [sæk] *[säk]* **entlassen, feuern (ugs.);** Bild: Weil er zwei *Sä-ck*e Kartoffeln geklaut hatte, wurde er **gefeuert**.

salary ['sælərɪ] *[sälleri]* **Gehalt;** Bild: Statt des **Gehalts** bekommen die Mitarbeiter alle einen Knollen*sellerie* auf ihr Konto überwiesen.

sale [seɪl] *[säil] Verkauf, Abschluss;* Bild: Das *Seil* steht zum **Verkauf.** Bild: Meine *Seel*e steht zum **Verkauf.**

salesforce ['seɪlzfɔːs] *[säilsfohs] Außendienst, Vertriebspersonal;* Bild: Das »*Seil* is' am *Fuß*«: Ein Zeichen dafür, dass man zum Außendienst gehört.

salesman ['seɪlzmən] *[säilsmän] Verkäufer;* Bild: Der *Seil-Mann* (Mann mit Seil um den Hals) ist der **Verkäufer.**

saleswoman ['seɪlzwʊmən] *[säilswumän] Verkäuferin;* Bild: *Seil*e, die *wo man* kaufen kann, gibt's bei der **Verkäuferin.**

sample ['sɑːmpl] *[sahmpl] Muster, (Waren-)Probe;* Bild: Es gibt verschiedene **Muster** an der *S*traßen-*Ampel* (kariert, gestreift usw.).

savings *(pl)* ['seɪvɪŋz] *[säivings] Ersparnisse;* Bild: Im *See* suchte ich mit dem *Finge*r nach meinen **Ersparnissen** (»Der Schatz im Silbersee«).

secretary ['sekrətrɪ] *[sekrätri] Sekretär(in);* Bild: **Sekretärin:** »Das *Sekret tri*eft. Bitte Chef, helfen Sie mir!«

segment ['segmənt] *[segmänt] Segment, Marktsegment;* eingedeutschtes Wort.

selection procedure [sɪ'lekʃn prə'siːdʒə] *[si-lektschn prä-sihtschä] Auswahlverfahren;* Bild: *Sie leckt schön* die Elvis *Pres*ley *Shir*ts an. Durch dieses **Auswahlverfahren** bekommt sie immer das richtige Shirt.

sell to [sel] *[sel] verkaufen;* Bild: Die *Seel*e **verkaufen.**

sell-by date ['selbaɪ deɪt] *[selbai däit] Haltbarkeitsdatum;* Bild: Dieser *Salbei* ist *de*r *H*it. Er braucht ein **Haltbarkeitsdatum.**

seller [selə] *[sellä] Verkäufer;* Bild: Der **Verkäufer** verkauft *Seller*ie.

shares *(pl) UK* ['ʃeəz] *[scheäs] Aktien;* Bild: Die **Aktien** werden mit der *Scher' z*erschnitten.

ship to ['ʃɪp] *[schip] transportieren, verschiffen;* Bild: Ich *schieb'* die Ware beim **Transportieren.**

shortage ['ʃɔːtɪdʒ] *[schohtidsch] Mangel, Fehlmenge;* Bild: *Schottisch* heißt, dass immer ein **Mangel** (an Hosen) besteht.

sign to [saɪn] *[sain] unterzeichnen, signieren;* Bild: Shakespeare **unterzeichnete** manchmal mit »*sein* oder nicht *sein*«.

signature ['sɪgnətʃə] *[signätschä] Unterschrift;* Bild: *Sie knet*et mit der *Scher'* ihre **Unterschrift** unter das Dokument.

skill [skɪl] *[skil] Fertigkeit, Kenntnis;* Bild: Der Stadtführer au*s Kiel* besitzt ausführliche **Kenntnis**se der Stadt.

slash to [slæʃ] *[släsch] stark herabsetzen;* Bild: Es i*s' lasch*, wenn wir die Preise nicht **stark herabsetzen**.

soar [sɔ:] *[soh] in die Höhe schnellen;* Bild: Die Gurke ist so *sauer*, wenn man reinbeißt, dass sie **in die Höhe** schnellt.

solicitor *UK* [sə'lɪsɪtə] *[sä-lisitä] Rechtsanwalt, Rechtsanwältin;* Bild: Der Baby*sitter* will den *Soli* nicht mehr bezahlen und hat sich einen **Rechtsanwalt** genommen.

solvency ['sɒlvənsɪ] *[solwensi] Zahlungsfähigkeit;* Bild: Ich *soll, wenn sie* kommt, zahlen. Meine **Zahlungsfähigkeit** erleichtert mir das sehr.

solvent ['sɒlvənt] *[solwent] zahlungsfähig;* Bild: Ich *soll* den *Venti*lator zahlen. Denn ich bin **zahlungsfähig**.

specialist ['speʃəlɪst] *[speschälist] Fachmann/Fachfrau;* Bild: Der Cellist in spe (*Spe-Cellist*) lässt sich vom **Fachmann** beraten.

specialize (in sth.) to ['speʃəlaɪz] *[speschälais] sich auf etw. spezialisieren;* Bild: Ich habe mich auf das *Spezi Shell* (Tankstelle) *Eis* **spezialisiert**.

speculate to ['spekjʊleɪt] *[spekjuläit] spekulieren;* Bild: Wir **spekulieren** darüber, ob die *Spekulat*ius (Plätzchen) etwas mit dem Verb »spekulieren« zu tun haben.

spend to [spend] *[spend] ausgeben, (ver)brauchen;* Bild: Die *Spend*en werden sofort **ausgegeben**.

sponsor to ['spɒnsə] *[sponsä] fördern;* eingedeutschtes Wort.

sponsor ['spɒnsə] *[sponsä] Förderer/ Förderin, Sponsor;* eingedeutschtes Wort.

stability [stə'bɪlətɪ] *[stä-biläti] Stabilität;* Bild: Man baut den Ess-*Stäb*chen *L-E-D*s ein, um eine bessere **Stabilität** beim Essen zu bekommen.

stabilize to ['steɪbəlɪz] *[stäibälais] stabilisieren;* Bild: Sie *stapel*t *Eis* (mit Ess*stäb*chen), um es besser zu **stabilisieren**.

staff [stɑ:f] *[stahf] Personal, Belegschaft;* Bild: Das gesamte **Personal** trägt eine *Staff*elei.

staffer *US* ['stæfər] *[stäffär] feste(r) Mitarbeiter(in);* Bild: Alle **festen Mitarbeiter** heißen *Stefa*n.

standard ['stændəd] *[ständäd] Standard;* Bild: Ein (z. B. Noten-)*Ständer* ist für alle Musiker **Standard**.

standing order ['stændɳ 'ɔːdə] *[stän-ding ohdä]* **Dauerauftrag, Abonnement;** Bild: Ein **Dauerauftrag** läuft doch *ständi*(n)*g, oder*?

start [stɑːt] *[staht]* **gründen, anfangen, beginnen;** Bild: Komm, wir **gründen** einen Stadt-*Staat* und nennen ihn Hamburg.

start-up [stɑːtʌp] *[stahtap]* **Neugründung, Anlauf;** Bild: Es geht im *Staat* total *ab*, weil sehr viele **Neugründun**-**g**en entstehen.

stock to [stɒk] *[stok]* **führen;** Bild: Wir **führen** alle Artikel, aber keinen *Stock*. Bild: Im ersten *Stock* **führen** wir alle Artikel.

stock [stɒk] *[stok]* **Vorrat, Bestand;** Bild: Im ersten *Stock* wird der gesamte **Vorrat** gelagert.

stocks *(pl) US* [stɒks] *[stoks]* **Aktien;** Bild: Die **Aktien** werden mit einem *Stock* vom Boden aufgepikst.

storage ['stɔːrɪdʒ] *[stohridsch]* **Lage**-**rung;** Bild: H*istorisch* gesehen haben sich die Möglichkeiten der **Lagerung** bis heute wesentlich vervielfältigt.

store to [stɔː] *[stoh]* **lagern, aufbe**-**wahren;** Bild: Der *Sto*rch **lagert** seine Eier.

store [stɔː] *[stoh]* **Laden, Lager, Vor**-**rat;** Bild: Im **Laden/Lager** arbeitet der *Sto*rch.

streamline to ['striːmlaɪn] *[strihmlain]* **rationalisieren, bereinigen;** Bild: Zum Auspeitschen benutzt man jetzt die Hund*eleine*. Das erzeugt die gleichen *Striem*en auf der Haut und man hat damit gleichzeitig die Peitsche weg**ratio**-**nalisiert.**

strike to [straɪk] *[straik]* **streiken;** eingedeutschtes Wort.

strike [straɪk] *[straik]* **Streik;** eingedeutschtes Wort.

subordinate [sə'bɔːdɪnət] *[sä-bohdinät]* **Mitarbeiter(in), Untergebene(r);** Bild: Der **Untergebene** *sabb*ert *ordinä*r.

subsidiary [səb'sɪdɪərɪ] *[sab-sidiäri]* **Tochter..., Neben..., Tochtergesell**-**schaft;** Bild: In einem *Saab* (Automarke) *sitz*t H*arry* (z. B. Potter, Prinz) auf dem Weg zur **Tochtergesellschaft** (dort arbeitet auch die Tochter).

subsidize ['sʌbsɪdaɪz] *[sabsidais] subventionieren;* Bild: Obwohl der *Saab* (Automarke) *siedheiß* wurde, hatte man ihn **subventioniert.**

subsidy ['sʌbsədɪ] *[sabsidi] Subvention, Zuschuss;* Bild: Weil der *Sub* (belegtes Baguette) *sätti*gt, hat man den staatlichen **Zuschuss** bewilligt.

subtract to [səb'trækt] *[sab-träkt] abziehen;* Bild: Wer seinen *Saab* (Automarke) *trägt*, kann noch was vom Preis **abziehen.**

successor [sək'sesə] *[säk-sesä] Nachfolger(in);* Bild: Mein **Nachfolger** sitzt nicht mehr auf einem Chefsessel, sondern auf einem *Sacksessel.*

sue to [su:] *[suh] (ver)klagen, Klage erheben;* Bild: Ich **verklage** *Su*sanne an der Klagemauer (Jerusalem).

sum [sʌm] *[sam] Summe, Betrag;* Bild: Der *Sam*urai errechnet die **Summe.**

supervise to ['su:pəvaɪz] *[superweis] beaufsichtigen, überwachen;* Bild: Wenn jemand mit der *superweiß* Farbe streicht, dann muss das unbedingt mit einer Überwachungskamera **überwacht** werden.

supplier [sə'plaɪə] *[sä-pleiä] Lieferant(in);* Bild: Der **Lieferant** isst eine *Sup*pe mit der rechten Hand und spielt dazu eine *Lei*er mit der linken Hand (oder einen *Lei*erkasten).

supply [sə'plaɪ] *[sä-plai] Versorgung, Lieferung;* Bild: *Sepp* (z.B. Maier, Blatter) ist schon immer für die **Versorgung** mit *Blei* verantwortlich. Daher heißt das Blei auch »*Sepp-Blei*«.

surcharge ['sɜ:tʃɑdʒ] *[söhtschadsch] Zuschlag;* Bild: George (z.B. Clooney, Harrison, Michael) hatte den **Zuschlag** bekommen und wurde **zum** Ritter ge**schlag**en. Jetzt heißt er »*Sir George*«.

surplus ['sɜ:pləs] *[söhplas] Überangebot, Überschuss;* Bild: Als er das **Überangebot** an Waren sah, wurde er *sehr blass.*

survey to [sɜ:'veɪ] *[söh-väi] befragen;* Bild: Der *Surf-Hai* auf dem *Surf*brett wird auf offenem Meer **befragt**: »*Hey*, wie geht's dir?«

survey ['sɜ:veɪ] *[söhväi] Umfrage, Studie;* Bild: Der *Surf-Hai* mit dem *Surf*brett macht eine **Umfrage** mit Schiffsbrüchigen. »*Hey*, wie geht's dir?«

system ['sɪstəm] *[sistem] System;* eingedeutschtes Wort.

T

tactics *(pl)* ['tæktɪks] *[täktiks] Taktik;* hört sich im Deutschen ähnlich an. Bild: Es gibt eine **Taktik**, um die all*täg*lichen *Tics* zu behandeln.

tailor-made ['teɪləmeɪd] *[täilämäid]* ***maßgeschneidert, genau zugeschnitten;*** Bild: Der *Teller Mett*wurst ist für mich **genau zugeschnitten**.

take to [teɪk] *[täik]* ***(über)nehmen, bringen;*** Bild: Wir **bringen** die *Thek*e für ihr Lokal.

takeover ['teɪkəʊvə] *[täikouwä]* ***Übernahme;*** Bild: Über die *Thek*e den *Koffer* nehmen, nennt man auch »**Übernahme**«.

talk over to [tɔːk 'əʊvə] *[tohk ouwä]* ***besprechen;*** Bild: Wir setzen uns jeden *Tag* auf einen *Koffer* und **besprechen** unsere Themen.

target group ['tɑːgɪt gruːp] *[tahgit gruhp]* ***Zielgruppe;*** Bild: Die *Tage*s-*grup*pe ist die **Zielgruppe**.

tariff ['tærɪf] *[tärif]* ***Tarif, Preisverzeichnis, Zollgebühr;*** Bild: *Der* Gitarren*riff* ist so geil, dass man **Zollgebüh**ren dafür verlangt.

tax to [tæks] *[täks]* ***besteuern;*** Bild: Das Steuer vom *Tax*i wird **besteuert**.

tax [tæks] *[täks]* ***Steuern, Abgabe;*** Bild: In *Tex*as gibt es jetzt endlich auch niedrigere **Steuern**.

teight [taɪt] *[tait]* ***knapp (bemessen), streng;*** Bild: Meine *Zeit* (mit Sprachfehler gesprochen) ist **knapp bemessen** (der Knappe misst nach).

temp [temp] *[temp]* ***Aushilfe, Aushilfskraft;*** Bild: Im *Temp*el arbeitet eine **Aushilfe**.

tender ['tendə] *[tendä]* ***Angebot, Zahlungsmittel;*** Bild: Während er sein **Angebot** unterbreitet, *dehnt er* seinen Gummi.

tender to ['tendə] *[tendä]* ***anbieten;*** Bild: Während er seine Gummis **anbietet**, *dehnt er* sich (oder seine Gummis).

terminate to ['tɜːmɪneɪt] *[töhminäit]* ***ablaufen, (be)enden, kündigen;*** Bild: Das Verfallsdatum des *Terminat*ors ist **abgelaufen**.

thrive to [Θraɪv] *[sraif]* ***blühen, Erfolg haben;*** Bild: Is' die Ware *reif*, kann man damit viel Erfolg haben.

timescale ['taɪmskeɪl] *['taimskäil]* ***zeitlicher Rahmen;*** Bild: Er legte sich die *Times* (Zeitung) auf die *Kehl*e, damit er im **zeitlichen Rahmen** (Bilderrahmen) blieb.

token ['təʊkən] *[touken]* ***Gutschein, Zeichen;*** Bild: Zwei **Gutschein**e *docken* an.

toll [təʊl] *[toul]* ***Zoll, Gebühr, Maut;*** Bild: Auch *toll*wütige Hunde müssen **Maut**gebühren zahlen.

total ['təʊtl] *[toutl]* ***Gesamt…, gesamt;*** Bild: Jeder hat einen *tot*en A*al* gegessen: Macht **gesamt** 115,00 €.

total to ['təʊtl] *[toutl]* ***zusammenrechnen;*** Bild: Wenn ich alle *tot*en A*al*e **zusammenrechne**, komme ich auf 115 Stück.

trade [treɪd] *[träid]* ***Handel, Gewerbe;*** Bild: Sie betreibt einen **Handel** mit *Tret*booten.

trade to [treɪd] *[träid]* ***handeln, Handel treiben;*** Bild: Sie **handelt** mit *Tret*booten.

trading ['treɪdɪŋ] *[träiding]* ***Handel;*** Bild: Entweder *dreh*n wir ein *Ding* (Diebstahl) oder wir machen 'nen **Handel** auf.

trail ['traɪəl] *[traiel]* ***Prozess, Verfahren, Probe;*** Bild: Der sogenannte »*3L*-**Prozess**« (Liebe, Lust und Leidenschaft) zog sich in die Länge.

train to [treɪn] *[träin]* ***ausbilden;*** Bild: Bei jedem, der **ausgebildet** wird, fließt eine *Trän*e von der Wange. Bild: Wenn man **ausbildet**, fließt ab und zu eine *Trän*e.

trainee [treɪ'niː] *[träi-nih]* ***Auszubildende(r), Lehrling, Praktikant(in);***

Bild: Der Auszubildende bleibt hart und verliert eine »*Trän*e *nie*«.

traineeship ['treɪniːʃɪp] *[träinihschip]* ***Ausbildung;*** Bild: Der *Trainer schieb*t in der **Ausbildung** die Lehrlinge an.

transact to [træn'zækt] *[trän-säkt]* ***abwickeln, abschließen;*** Bild: Nachdem die Formalitäten **abgeschlossen** (mit einem Schloss abgeschlossen) waren, trank jeder noch einen *Trän*en*sekt*.

transaction [træn'zækʃn] *[trän-säkschn]* ***Transaktion, Geschäft;*** eingedeutschtes Wort.

transfer to [træns'fɜː] *[träns-föh]* ***überweisen, versetzen;*** Bild: Für den Flug von *Trans*ilvanien zur Insel *Föh*r muss ich das Geld noch **überweisen**. Bild: Dracula wird von *Trans*ilvanien auf die Insel *Föh*r **versetzt**.

transport UK ['trænspɔːt] *[tränspoht]* ***Transport, Beförderungsmittel;*** Bild: eingedeutschtes Wort.

traveling expenses ['trævəlɪŋ ɪk'spensɪz] *[träväling ik-spensis]* ***Reisekosten, Reisespesen;*** Bild: Mit *Trüffel*ing (Trüffel suchen) verdient der *Ex-Penn*er jetzt sein Geld. Er lässt sich jetzt auch *Siez*en und berechnet die **Reisekosten**.

trust [trʌst] *[trast]* ***Stiftung, Treuhand;*** Bild: Du *drahst* di um (bayerisch für: drehst dich um) und greifst nach der neuesten Ausgabe der Stiftung Warentest (Verbraucherzeitschrift).

turn down to [tɜːn 'daʊn] *[töhn daun]* **ablehnen, absagen;** Bild: Den Segel*törn* mit *Daun*enjacke habe ich **abgesagt**.

turn out to [tɜːn 'aʊt] *[töhn aut]* **produzieren, hervorbringen;** Bild: *Dön*er im *Aut*o **produzieren**. Mal was anderes.

turnaround ['tɜːnəraʊnd] *[töhnäraund]* **Wende, Wendung;** Bild: Tina *Turner* (Rocksängerin) *raunt*e und sang nicht mehr. Alle Fans machten eine **Wende** und gingen nach Hause.

tycoon [taɪˈkuːn] *[teikuhn]* **Großindustrieller;** Bild: Der **Großindustrielle** isst ein *Teig-Huhn* (Hühnchen im Teigmantel).

type [taɪp] *[taip]* **Modell, Marke, Art;** Bild: Pfui *Deib*el, is' das **Modell** hässlich.

U

ultimatum [ˌʌltɪˈmeɪtəm] *[alti-mäitäm]* **Ultimatum;** Bild: Das **Ultimatum**: Du musst bis zum Jahr 2030 den *Aldi mei-den*.

unanimous [juːˈnænɪməs] *[juh-nänimäs]* **einstimmig;** Bild: Im *Jun*i muss die *Nanny* (Kindermädchen) unters

*Mes*ser. Das haben wir **einstimmig** beschlossen.

unbiased [ʌnˈbaɪəst] *[an-baiäst]* **unvoreingenommen, unparteiisch;** Bild: Der Fisch bleibt so lange **unparteiisch**, bis er *anbeißt* (und dann gehört er der Katzenpartei).

undelivered [ˌʌndɪˈlɪvəd] *[andi-liväd]* **nicht geliefert;** Bild: Immer wenn *Andi* (z. B. Borg) *liefert*, wird die Ware **nicht geliefert**.

under separate cover ['ʌndə 'seprət 'kʌvə] *[andä seprät kavä]* **mit getrennter Post;** Bild: Das *Untersee*-Surf*brett* und der *Koffer* wurden **mit getrennter Post** verschickt.

undercut to [ˌʌndəˈkʌt] *[andä-kat]* **unterbieten;** Bild: *An der Kat*ze hing das Angebot. Sie hat alle anderen Tiere damit **unterboten** (sie verstecken sich **unter** den **Booten**).

underpaid [ˌʌndəˈpeɪd] *[ander-päid]* **unterbezahlt;** Bild: Weil sie **unterbezahlt** war, fand man sie ab und zu in einem *ander*en *Bett*.

undersigned [ˌʌndəˈsaɪnd] *[andä-saind]* **Unterzeichnende(r);** Bild: Der **Unterzeichnende** stand *an der Scien-t*ology Kirche.

understanding [ˌʌndəˈstændɪŋ] *[andä-ständing]* **Vereinbarung, Abmachung;** Bild: Du hältst dich nicht an unsere **Vereinbarung**, deshalb bin ich *unter ständi(n)g*em Druck.

undertake to [ʌndə'teɪk] *[ander-tä-ik]* **unternehmen, übernehmen;** Bild: Wir saßen *an der Thek*e und beschlossen, etwas zu **unternehmen.**

underwrite to [ʌndə'raɪt] *[ander-rait]* **haften für, bürgen, versichern;** Bild: *An der Reit*schule ist ein Schild angebracht, auf dem steht: »Eltern **haften für** ihre Kinder.«

uneconomical [ʌni:kə'nɒmɪkl] *[anih-kä-nomikl]* **unwirtschaftlich;** Bild: *Annika* (die von Pippi Langstrumpf) *nahm* den *Igel* in die Hand. Das Ganze war aber sehr **unwirtschaftlich** (vor der Wirtschaft).

union ['ju:njən] *[juhnjän]* **Vereinigung, Verband, Gewerkschaft;** Bild: Der **Verband** hat sich zum Ziel gesetzt, dass immer im *Juni* der *Yen* fällt.

unlawful [ʌn'lɔ:fl] *[an-lohfl]* **rechtswidrig, gesetzwidrig, ungesetzlich;** Bild: Es ist **gesetzwidrig,** *an* dem *Löffel* (*an* Fa*laf*el) zu lecken.

unload to [ʌn'ləʊd] *[an-loud]* **ausladen, entladen;** Bild: Vom LKW werden die Tafeln mit dem *Anlaut*-Alphabet (A wie Apfel, B wie Baum usw.) **ausgeladen.**

unpaid [ʌn'peɪd] *[an-päid]* **unbezahlt;** Bild: Die **unbezahlt**en Schuhe sollte man *anbet*en.

unsaleable [ʌn'seɪləbl] *[an-sailäbl]* **unverkäuflich;** Bild: Ich muss meinen *Apple* (Marke) *anseil*en. Er ist **unverkäuflich.**

unsecured [ʌnsɪ'kjʊəd] *[ansi-kiuäd]* **ohne Sicherheiten;** Bild: *Hansi* (z. B. Hinterseer) und *Kurt* (z. B. Cobin) finanzierten ihr Haus **ohne Sicherheiten** (Sicherheitsnadeln).

upkeep ['ʌpki:p] *[apkihp]* **Instandhaltung, Instandhaltungskosten;** Bild: Durch das ständige *Abkip*pen des Mülls wurden die **Instandhaltungskosten** (Instandsuppe) der Fahrzeuge immens hoch.

upward trend ['ʌpwəd trend] *[apwörd trend]* **Aufwärtstrend;** Bild: Wenn man *abwart*et, bis man sich ge*trennt* hat, dann gibt es wieder einen **Aufwärtstrend.**

use [ju:s] *[juhs]* **Nutzen, Gebrauch;** Bild: *Jus*tus von Liebig erfand um 1840 den Kunstdünger. Heute ist Kunstdünger weltweit in **Gebrauch.**

utilize to ['ju:tɪlaɪz] *[juhtilais]* **(aus)nutzen, verwerten;** Bild: *Judi*th (z. B. Rakers, Moderatorin), sei *leis*, wir wollen die Stille **ausnutzen.**

V

vacancy ['veɪkənsɪ] *[feikänsi] freie Stelle;* Bild: *Wer kennt sie*, die **freie Stelle?**

vacant ['veɪkəntɪ] *[feikänt] frei, leer, unbesetzt;* Bild: *Wer kennt* eine Frau, die noch **unbesetzt** ist? (Partnervermittlung)

valid ['vælɪd] *[wälid] gültig, stichhaltig;* Bild: Das Angebot ist für den In*valid*en länger **gültig.**

valuable ['væljʊəbl] *[wähljuäbl] wertvoll, Wertsache;* Bild: *Wähl*st *du* einen *Apple* (Marke), dann hast du auch eine **Wertsache.**

value to ['vælju:] *[wäljuh] schätzen, abschätzen;* Bild: *Wähl du*, und du wirst den Ausgang der Wahl **abschätzen** können.

value ['vælju:] *[wäljuh] Wert;* Bild: *Wähl du* und du erkennst den Wert der Wahl.

variety [və'raɪətɪ] *[wä-reiäti] Vielfalt, Auswahl;* Bild: »*Wer reihert hi*er?« – Die **Auswahl** an alkoholischen Getränken war wohl zu groß.

verification ['verɪfɪ'keɪʃn] *[werifi-käischn] Überprüfung, Kontrolle, Nachweis;* Bild: Den **Nachweis,** den *wer i fei keschen* (werde ich mit dem Kescher fangen).

verify to ['verɪfaɪ] *[werifai] (nach)prüfen, belegen;* Bild: Das *werd i fei* (fränkisch/süddeutsch für: das werde ich fein) **nachprüfen.**

veto sth. to ['vi:təʊ] *[wihtou] ein Veto gegen etw. einlegen;* Bild: *Wie to*t **legte** er sein **Veto gegen** den Tod **ein.**

video conference ['vɪdɪəʊ 'kɒnfərəns] *[widiou konfäräns] Videokonferenz;* hört sich im Deutschen ähnlich an.

violation [vaɪə'leɪʃn] *[waiä-leschn] Gesetzesübertretung, Verletzung;* Bild: An den *Weiher* sich zu *leschn* (Dialekt für: legen), ist eine **Gesetzesübertretung** (einen Schritt über das BGB machen).

visa ['vi:zə] *[wihsä] visum;* Bild: Auf der *Wiese* liegt ein **Visum.**

vocational [vəʊ'keɪʃənl] *[wou-käischänl] Berufs…;* Bild: Während der **Berufs**ausbildung kochte er jeden Tag im *Wok Kirschen* und *Aal*.

volume ['vɒlju:m] *[woljuhm] Umfang, Volumen;* Bild: Wenn man *Valium* (Schlafmittel) einnimmt, nimmt der Bauch**umfang** zu.

voluntary ['vɒləntrɪ] *[wollentri] **freiwillig, ehrenamtlich;** Bild: Der **freie Willy** und seine Band (z. B. Astor) melden sich und *wollen Tri*angel **freiwillig** spielen.

voucher ['vaʊtʃə] *[wautschä] **Gutschein, Bon;** Bild: Der Wau*wau* schneidet mit der *Sche*r' den **Gutschein** auseinander.

W

wage [weɪdʒ] *[wäidsch] **Lohn;** Bild: Für meinen **Lohn** kaufe ich dir den *Wettsch*ein ab.

want [wɒnt] *[wont] **Bedürfnisse, Bedarf, Mangel;** Bild: An der *Wand* verrichtete er sein **Bedürfnis.**

warehouse ['weəhaʊs] *[weahaus] **Lagerhaus, Lager;** Bild: Bevor der Hausmeister absperrt, ruft er noch mal ins **Lager:** »*Wer* ist noch im *Haus?*«

warning ['wɔːnɪŋ] *[wohning] **Warnung, Benachrichtigung;** Bild: Es gibt eine **Warnung,** dass das *Wohn*en in der *Inn*enstadt lebensgefährlich sei.

warranty ['wɒrəntɪ] *[waränti] **Garantie, Gewährleistung;** Bild: Auf alle *Waren* des *Tee*sortiments gibt es eine **Garantie.** Bild: Ein *Waran* (Riesenechse), der *Tee* trinkt, hat keine **Garantie.**

waste [weɪst] *[wäist] **Verschwendung;** Bild: *Wer ist* für die **Verschwendung** verantwortlich?

weight [weɪt] *[wäit] **Gewicht;** Bild: Der Wind *weht* das **Gewicht** um.

welfare ['welfeə] *[welfeä] **Sozialhilfe;** Bild: Alle, die auf der *Well*e mit der *Fähr*e fahren, bekommen **Sozialhilfe** (vier Stücke Harzer Käse = Hartz 4).

white-collar worker ['waɪtkɒlə 'wɜːkə] *[waitkolä wöhkä] **Büroangestellte(r), Angestellte(r);** Bild: Der **Büroangestellte** – wie *weit* kann er wohl *Cola würge*n?

wholesale ['həʊlseɪl] *[houlsäil] **Großhandel, Großhandels…;** Bild: Es gibt einen **Großhandel** für *Hohl-Seil*e.

wholesaler ['həʊlseɪlə] *[houlsäilä] **Großhändler(in);** Bild: Der **Großhändler** handelt mit *Hohl-Seile.*

wire money to [waɪə 'mʌnɪ] *[waiä manni] **Geld überweisen;** Bild: An einem *Weiher* steht *Manni* (Manfred) und **überweist** das **Geld** (per Überweisungsschein).

withdraw to [wɪθ'drɔ:] *[wis-droh]* **abheben;** Bild: Ich **hebe** Geld **ab** und gehe dann ins *Bistro.*

work to [wɜːk] *[wöhk]* **arbeiten, funktionieren;** Bild: Alle **arbeiten** im Atomkraft*werk.*

work [wɜːk] *[wöhk]* **Arbeit;** Bild: Während der **Arbeit** bekomme ich einen *Würg*(e)-Krampf.

worker ['wɜːkə] *[wöhkä]* **Arbeiter(in);** Bild: Der Heim*werker* hat einen **Arbeiter** angestellt.

working ['wɜːkɪŋ] *[wöhking]* **erwerbstätig, Arbeits…;** Bild: Er ist **erwerbstätig** und *würg*t den Chef am *Kinn.*

works holidays *(pl)* [wɜːks 'hɒlədeɪ] *[wöhks holidäi]* **Betriebsurlaub;** Bild: Im **Betriebsurlaub** schreien alle: »*Würg's* runter, die (Holunder) *Holler-Tees.*«

works *(pl)* [wɜːks] *[wöhks]* **Werk, Fabrik;** Bild: Der *Werks*student arbeitet in der **Fabrik.**

workshop ['wɜːkʃɒp] *[wöhk-schop]* **Werkstatt, Seminar;** Bild: Im Kraftwerk findet ein **Seminar** statt. Dort gibt es einen Schoppen Wein, der auch »*Werk-schopp*en« genannt wird.

world leader [wɜːld 'liːdə] *[wöhld lihdä]* **Weltmarktführer;** Bild: Der **Weltmarktführer** hat vom vielen Arbeiten ge*wöl(b)t*e Augen(*Lider*).

world market price ['wɜːld mɑːkɪt 'praɪs] *[wöhld mahkit prais]* **Weltmarktpreis;** Bild: Ich *wollt' Margit*'s *Preis*, bezahlte aber den **Weltmarktpreis.**

world trade [wɜːld 'treɪd] *[wöhld träid]* **Welthandel;** Bild: Durch den **Welthandel** (Hantel mit Weltkugeln) wird die *Welt* ge*tret*en.

worst-case scenario ['wɜːstkeɪs sɪ'nɑːrɪəʊ] *[wöhstkäis si-nahriou]* **Katastrophenszenario;** Bild: Für einen Veganer ist eine *Szene* an der *Wurst-Käs*'-Theke nicht *i.O.*, sondern eher ein **Katastrophenszenario.**

wrap to [ræp] *[räp]* **einpacken, einwickeln;** Bild: Der *Rap*per **wickelt** sein Mikrofon **ein.**

write off to [raɪt ˈɒf] *[rait of]* **abschrei-ben;** Bild: Wir können den *Reit*er*hof* **vollständig abschreiben** (mit einem Stift).

Y

yield to [jiːld] *[jihld]* **hervorbringen, abwerfen;** Bild: Kölner Unternehmen **werfen** J(G)ewinne **ab**. Dat *jild* (Kölner Dialekt für: das gilt) aber auch für andere Unternehmen.

yield [jiːld] *[jihld]* **Ertrag, Rendite;** Bild: Es *jild* (Kölner Dialekt für: gilt), eine hohe **Rendite** zu erzielen.

Deutsch   Englisch

A

abändern	**amend** [ə'mend] *[ä-mend]*
abbauen, fördern	**mine** [maɪn] *[main]*
abbestellen, auslaufen lassen	**discontinue** [dɪskən'tɪnju:] *[diskon-tinjuh]*
abhängig	**dependent** [dɪ'pendənt] *[di-pendent]*
abheben, beziehen	**drow** [drɔ:] *[droh]*
abheben	**withdraw** [wɪθ'drɔ:] *[wis-droh]*
abholen, kassieren, einziehen	**collect** [kə'lekt] *[ko-lekt]*
Abkommen, Geschäft	**deal** [di:l] *[dihl]*
ablaufen (Zinsen)	**accrue** [ə'kru:] *[ä-kruh]*
ablaufen, fällig werden	**expire** [ik'spaɪə] *[ik-speiä]*
ablaufen, (be)enden, kündigen	**terminate** ['tɜ:mɪneɪt] *[töhminäit]*
ablehnen, absagen	**turn down** [tɜ:n 'daʊn] *[töhn daun]*
Abmachung, Vereinbarung	**understanding** [ʌndə'stændɪŋ] *[andä-ständing]*
abnehmen, nachlassen	**decrease** [dɪ'kri:s] *[di-krihs]*
Abonnement, Dauerauftrag	**standing order** ['stændŋ 'ɔ:də] *[ständing ohdä]*
Abrechnung, Rechnung	**bill** [bɪl] *[bill]*
absagen, stornieren	**cancel** ['kænsl] *[känsl]*
absagen	**call off** [kɔ:l 'ɒf] *[kohl of]*
abschätzen, bewerten, beurteilen	**evaluate** [ɪ'væljʊeɪt] *[i-wäljuäit]*
abschließen, abwickeln	**transact** [træn'zækt] *[trän-säkt]*
Abschluss, Verkauf	**sale** [seɪl] *[säil]*
abschreiben	**write off** [raɪt 'ɒf] *[rait of]*
Absender, Spediteur	**forwarder** ['fɔ:wədə] *[fohwödä]*
Abteilung, Sparte	**division** [dɪ'vɪʒn] *[di-wischn]*
Abwanderung hoch-qualifizierter Arbeitskräfte	**brain drain** ['breɪn dreɪn] *[bräin dräin]*
abwickeln, abschließen	**transact** [træn'zækt] *[trän-säkt]*

abzahlen, erstatten	**repay** [riːˈpeɪ] *[rih-päi]*
abziehen	**subtract** [səbˈtrækt] *[sab-träkt]*
abzugsfähig, absetzbar	**deductible** [dɪˈdʌktəbl] *[di-daktäbl]*
Adresse	**address** [əˈdres] *[ä-dres]*
aggressiv (be)werben	**hype** [haɪp] *[haip]*
Akte, Aktenordner	**file** [faɪl] *[feil]*
Aktennotiz, Mitteilung, Vermerk	**memorandum** [meməˈrændəm] *[memä-rändäm]*
Aktien einführen	**float** [fləʊ] *[flout]*
Aktien	**shares** *(pl)* UK [ˈʃeəz] *[scheäs]*
Aktien	**stocks** *(pl)* US [stɒks] *[stoks]*
Aktiengesellschaft (AG)	**public limited company (plc)** UK [ˈpʌblɪk ˈlɪmɪtəd ˈkʌmpəni] *[pablik limitid kampäni]*
Aktiengesellschaft, Kapitalgesellschaft	**joint-stock company** [dʒɔɪtˈstɒk ˈkʌmpəni] *[dschoint-stock kampäni]*
an Fremdfirmen vergeben, auslagern	**outsource** [ˈaʊtsɔːs] *[autsohs]*
analysieren, auswerten	**analyze** [ˈænəlaɪz] *[ähnelais]*
anbieten	**offer** [ˈɒfə] *[ofä]*
anbieten	**tender** [ˈtendə] *[tendä]*
Anbieter(in)	**provider** [prəˈvaɪdə] *[pro-faidä]*
ändern	**amend** [əˈmend] *[ä-mend]*
anfassen, befördern	**handle** [ˈhændl] *[händl]*
angeben (Waren)	**declare** [dɪˈkleə] *[di-kleä]*
Angebot, Zahlungsmittel	**tender** [ˈtendə] *[tendä]*
Angebot	**offer** [ˈɒfə] *[ofä]*
anhalten, stoppen	**halt** [hɔːlt] *[hahlt]*
anhängen	**attach** [əˈtætʃ] *[ä-tätsch]*
anheben, erhöhen	**raise** [reɪz] *[reis]*
Ankunft, Eingang	**arrival** [əˈraɪvəl] *[ä-raifäl]*
ankurbeln, fördern	**boost** [buːst] *[buhst]*
Anleihe, Darlehen	**loan** [ləʊn] *[loun]*

annoncieren, werben für, inserieren	**advertise** ['ædvətaɪz] *[ädvätais]*
annullieren, ungültig machen	**nullify** ['nʌlɪfaɪ] *[nallifei]*
Anreiz, Ansporn	**inducement** [ɪn'dju:smənt] *[in-djuhsment]*
Anschaffung, Kauf	**purchase** ['pɜ:tʃəs] *[pöhtsches]*
Ansporn, Anreiz	**incentive** [ɪn'sentɪv] *[in-sentiv]*
anstehend, schwebend	**pending** ['pendɪŋ] *[pending]*
anstellen, beschäftigen	**employ** [ɪm'plɔɪ] *[im-ploi]*
Anstieg, Gehaltserhöhung	**rise** *UK,* **raise** *US* [raɪz UK, reɪz US] *[rais UK, räis US]*
Anteile, Besitz	**holdings** *(pl)* ['həʊldɪŋz] *[houldings]*
Anwalt, Anwältin	**lawyer** ['lɔ:jə] *[lohjä]*
anwerben, gewinnen	**recruit** [rɪ'kru:t] *[ri-kruht]*
Anwerbung, Personalbeschaffung	**recruitment** [rɪ'kru:tmənt] *[ri-kruhtment]*
anziehen (Preis)	**harden** ['hɑ:dn] *[hahdn]*
Arbeit, Stellung, Beschäftigung	**employment** [ɪm'plɔɪmənt] *[im-ploiment]*
Arbeit	**work** [wɜ:k] *[wöhk]*
arbeiten, funktionieren	**work** [wɜ:k] *[wöhk]*
Arbeiter(in), Arbeitskraft	**labourer** ['leɪbərə] *[läibärä]*
Arbeiter(in)	**worker** ['wɜ:kə] *[wöhkä]*
Arbeitnehmer(in), Angestellte(r)	**employee** [ɪm'plɔɪi] *[im-plojih]*
Arbeitslosigkeit, (nach Rationalisierung), Entlassung	**redundancy** [rɪ'dʌndənsɪ] *[ri-dandänsi]*
Arbeitsmarkt	**labour market** ['leɪbə 'mɑ:kɪt] *[läibä mahkit]*
Arbeitsstelle, Praktikum	**placement** *UK* ['pleɪsmənt] *[pläisment]*
Artikel, Posten	**item** ['aɪtəm] *[eitem]*
auf Abruf	**on call** [ɒn 'kɔ:l] *[on kohl]*
auf Bestellung, kundenspezifisch	**made-to-order** [meɪdtu'ɔ:də] *[mäidtu-ohdä]*
aufbewahren, lagern	**store** [stɔ:] *[stoh]*
auf den Markt bringen, einführen	**launch** [lɔ:ntʃ] *[lohntsch]*
aufgeben, mit der Post verschicken	**post** *UK* [pəʊst] *[poust]*

auflösen, flüssig machen	**liquidate** ['lıkwıdeıt] *[likwidäit]*
Aufmerksamkeit	**attention** [ə'tendʃn] *[ä-tenschn]*
aufrechterhalten, warten	**maintain** [meın'teın] *[mäin-täin]*
aufnehmen (Kredit), ausleihen	**borrow** ['bɒrəʊ] *[borou]*
aufschieben, verschieben	**put off** [pʊt 'ɒf] *[put of]*
Aufschwung, Erholung, Rückgewinnung	**recovery** [rı'kʌvərı] *[ri-kaferi]*
aufstellen, platzieren, positionieren	**position** [pə'zıʃn] *[po-sischn]*
Auftrag, Bestellung	**order** ['ɔːdə] *[ohdä]*
Auftragnehmer	**contractor** [kən'træktə] *[kon-träktä]*
Aufwärtstrend	**upward trend** ['ʌpwəd trend] *[apwörd trend]*
aufwerten, verbessern	**enhance** [ın'hɑːns] *[in-hahns]*
ausbilden	**train** [treın] *[träin]*
Ausbildung	**traineeship** ['treıni:ʃıp] *[träinihschip]*
Ausführung, Erfüllung	**fulfilment** UK, **fulfillment** US [fʊl'fılmənt] *[full-fillment]*
ausfüllen, besetzen	**fill** [fıl] *[fill]*
Ausgaben, Kosten	**outlay** ['aʊtleı] *[autläi]*
Ausgaben, Aufwendungen …	**expenditure** [ık'spendıtʃə] *[ikspenditscher]*
Ausgaben, Kosten	**outlay** ['aʊtleı] *[autläi]*
ausgeben, (ver)brauchen	**spend** [spend] *[spend]*
ausgeben, ausstellen	**issue** ['ıʃuː] *[ischuh]*
ausgleichen	**offset** ['ɒfset] *[ofset]*
Aushilfe, Aushilfskraft	**temp** [temp] *[temp]*
ausladen, entladen	**unload** [ʌn'ləʊd] *[an-loud]*
Auslastung, Kapazität	**capacity** [kə'pæsətı] *[kä-päsäti]*
auslaufen lassen, abbestellen	**discontinue** [dıskən'tınjuː] *[diskon-tinjuh]*
ausleihen, aufnehmen (Kredit)	**borrow** ['bɒrəʊ] *[borou]*
Ausnahmetarif	**preferential rate** [prefə'renʃl 'reıt] *[prefe-renschl räit]*
ausnutzen, verwerten	**utilize** ['juːtılaız] *[juhtilais]*
ausrüsten, ausstatten	**equip** [ı'kwıp] *[i-kwip]*

Ausschuss, Gremium	**committee** [kə'mɪtɪ] *[ko-miti]*
Ausschüttung, Vertrieb	**distribution** [dɪstrɪ'bjuːʃn] *[distri-bjuschn]*
Außendienst, Vertriebspersonal	**salesforce** ['seɪlzfɔːs] *[säilsfohs]*
Außendienst	**field work** ['fiːld wɜːk] *[fihld wöhk]*
Außendienstmitarbeiter(in) …	**field staff** ['fiːld stɑːf] *[fihld stahf]*
Aussichten	**outlook** ['aʊtlʊk] *[autluk]*
Ausstellung, Messe	**fair** [feə] *[feä]*
Ausstoß, Produktion	**output** ['aʊtpʊt] *[autput]*
austauschen	**exchange** [ɪks'tʃeɪndʒ] *[iks-tschäindsch]*
Auswahl, Entfernung, Reihe	**range** [reɪndʒ] *[räindsch]*
Auswahlverfahren	**selection procedure** [sɪ'lekʃn prə'siːdʒə] *[si-lektschn prä-sihtschä]*
Auswahl, Vielfalt	**variety** [və'raɪətɪ] *[wä-reiäti]*
Ausweis, Identifizierung	**identification** [aɪdentɪfɪ'keɪʃn] *[aidentifi-käischn]*
Auszubildende(r), Lehrling, Praktikant(in)	**trainee** [treɪ'niː] *[träi-nih]*

B

Bank	**bank** [bæŋk] *[bänk]*
Bankrott, bankrott	**bankrupt** ['bæŋkrʌpt] *[bänkrapt]*
Bargeld	**cash** [kæʃ] *[käsch]*
Bedingung, Auflage, Zustand	**condition** [kən'dɪʃn] *[kän-dischn]*
Beamter, Beamtin	**officer** ['ɒfɪsə] *[ofisä]*
Beanstandung, Einwand	**objection** [əb'dʒekʃn] *[ob-dschekschn]*
bearbeiten	**process** ['prəʊses] *[prouses]*
Bearbeitung, Handhabung	**handling** ['hændlɪŋ] *[händling]*
beaufsichtigen, überwachen	**supervise** ['suːpəvaɪz] *[superweis]*
beauftragen, in Auftrag geben	**commission** [kə'mɪʃn] *[komischn]*
Bedarf, Notwendigkeit	**need** [niːd] *[nihd]*
bedarfsorientiert	**just-in-time (JIT)** [dʒʌstɪn'taɪm] *[dschastin-taim]*
bedauern	**regret** [rɪ'gret] *[ri-gret]*

Bedienung, Betrieb, Geschäft	**operation** [ɒpə'reɪʃn] *[opä-räitschn]*
Bedürfnisse, Bedarf, Mangel	**want** [wɒnt] *[wont]*
(be)enden, ablaufen, kündigen	**terminate** ['tɜːmɪneɪt] *[töhminäit]*
befördern, transportieren	**haul** [hɔːl] *[hohl]*
befördern, werben für	**promote** [prə'məʊt] *[prä-mout]*
befragen	**survey** [sɜː'veɪ] *[söh-väi]*
Befugnis, Autorität	**authority** [ɔː'θɒrəti] *[oh-soräti]*
begrenzt, beschränkt …	**limited** ['lɪmɪtɪd] *[limitid]*
Begünstigte(r), Nutznießer(in)	**beneficiary** [benɪ'fɪʃərɪ] *[beni-fischeri]*
behaupten, (ein)fordern	**claim** [kleɪm] *[kläim]*
beifügen, beilegen	**enclose** [ɪn'kləʊz] *[in-klous]*
Beihilfe, Subvention	**grant** [grɑːnt] *[grahnt]*
beinhalten, bekannt geben, ankündigen	**announce** [ə'naʊns] *[ä-nauns]*
bekommen, erhalten, empfangen	**receive** [rɪ'siːv] *[ri-sihv]*
belasten (Konto)	**debit** ['debɪt] *[debit]*
Beleg, Quittung	**receipt** [rɪ'siːt] *[ri-siht]*
belegen, nachprüfen	**verify** ['verɪfaɪ] *[werifai]*
Belegschaft, Personal	**personnel** [pɜːsə'nel] *[pöhsä-nel]*
Belegschaft, Personal	**staff** [stɑːf] *[stahf]*
belohnen	**reward** [rɪ'wɔːd] *[ri-wohd]*
Belohnung	**reward** [rɪ'wɔːd] *[ri-wohd]*
Berater(in), Gutachter(in)	**consultant** [kən'sʌltənt] *[kon-saltent]*
berechnen	**calculate** [kælkjʊ'leɪt] *[kälkjuläit]*
berechnen, kalkulieren, schätzen	**reckon** ['rekən] *[reckön]*
Berechnung, Kalkulation	**calculation** [kælkjʊ'leɪʃn] *[kälk-juläischn]*
berechtigen, bevollmächtigen	**authorize** ['ɔːθəraɪz] *[ohsärais]*
bereinigen, begleichen	**clear** [klɪə] *[kliä]*
Bergwerk, Mine, Grube	**mine** [maɪn] *[main]*
Bericht	**report** [rɪ'pɔːt] *[ri-poht]*
Beruf	**profession** [prə'feʃn] *[pro-feschn]*
Berufs…	**vocational** [vəʊ'keɪʃənl] *[wou-käischänl]*
berufstätig	**employed** [ɪm'plɔɪd] *[im-ploid]*

beschaffen, (be)liefern, zur Verfügung stellen	**provide** [prə'vaɪd] *[pro-faid]*
beschäftigen, anstellen	**employ** [ɪm'plɔɪ] *[im-ploi]*
Bescheid, (öffentliche) Mitteilung, Kündigung	**notice** ['nəʊtɪs] *[noutis]*
bescheinigen, beglaubigen	**certify** ['sə:tɪfaɪ] *[sähtifai]*
beschlagnahmen	**confiscate** ['kɒnfɪskeɪt] *[kanfiskeit]*
Beschwerde	**grievance** ['gri:vəns] *[grihväns]*
Besitz	**ownership** ['əʊnəʃɪp] *[ounäschip]*
Besitz, Anteile	**holdings** *(pl)* ['həʊldɪŋz] *[houldings]*
Besitz, Eigentum	**estate** [ɪ'steɪt] *[i-stäit]*
besitzen, haben	**own** [əʊn] *[oun]*
besitzen, haben	**possess** [pə'zes] *[po-ses]*
Besitzer(in)	**owner** ['əʊnə] *[ounä]*
besprechen	**talk over** [tɔ:k 'əʊvə] *[tohk ouwä]*
Besprechung	**briefing** [brɪ'fɪŋ] *[brihfing]*
Besprechung, Konferenz	**conference** ['kɒnfrəns] *[kanfräns]*
Besserung, Verbesserung	**improvement** [ɪm'pru:vmənt] *[im-pruhfmänt]*
Bestand, Vorrat	**stock** [stɒk] *[stok]*
Bestätigung	**confirmation** [kɒnfə'meɪʃn] *[konfä-mäischn]*
bestehen aus, umfassen	**comprise** [kəm'praɪz] *[kom-preis]*
bestellen, in Auftrag geben, anordnen	**order** ['ɔ:də] *[ohdä]*
Bestellung, Auftrag	**order** ['ɔ:də] *[ohdä]*
besteuern	**tax** [tæks] *[täks]*
Beteiligung, Zinsen, Anteil	**interest** ['ɪnterest] *[interest]*
Beteiligung, Teilnahme	**participation** [pɑ:'tɪsɪpeɪʃn] *[pah-tisipäischn]*
Betrag, Summe	**amount** [ə'maʊnt] *[ä-maunt]*
Betriebsstörung, Versagen	**breakdown** ['breɪkdaʊn] *[bräikdaun]*
Betriebsurlaub	**works holidays** *(pl)* [wɜ:ks 'hɒlədeɪ] *[wöhks holidäi]*
Betrug	**deceit** [dɪ'si:t] *[di-siht]*
beurteilen, erachten	**judge** [dʒʌdʒ] *[dschadsch]*

bevollmächtigen, berechtigen	**authorize** [ˈɔːΘəraɪz] *[ohsärais]*
Bevollmächtigter	**attorney** [əˈtɜːnɪ] *[ä-tohni]*
aggressiv (be)werben	**hype** [haɪp] *[haip]*
Bewerber(in), Antragsteller(in)	**applicant** [ˈæplɪkənt] *[äplikänt]*
bewerten, einschätzen, schätzen	**assess** [əˈses] *[ä-ses]*
bewerten, abschätzen,	
beurteilen	**evaluate** [ɪˈvæljʊeɪt] *[i-wäljuäit]*
Bewertung	**evaluation** [ɪvæljʊˈeɪʃn] *[iwälju-äischn]*
bezahlen, zahlen	**pay** [peɪ] *[päi]*
beziehen, abheben	**drow** [drɔː] *[droh]*
bieten	**bid** [bɪd] *[bid]*
billigen, genehmigen	**approve** [əˈpruːv] *[a-pruhf]*
billigen, gutheißen	**endorse** [ɪnˈdɔːs] *[in-dohs]*
Binnenmarkt	**home market** [həʊm ˈmɑːkɪt] *[houm mahkit]*
Blankovollmacht	**carte blanche** [kɑːt ˈblɑːnʃ] *[kaht blahnsch]*
blühen, Erfolg haben	**thrive** [Θraiv] *[sraif]*
Börsengang	**flotation** [fləʊˈteɪʃn] *[flou-täischn]*
Bon, Gutschein	**voucher** [ˈvaʊtʃə] *[wautschä]*
Branche, Filiale, Zweig	**branch** [brɑːntʃ] *[brahntsch]*
brauchen, benötigen, fordern	**require** [rɪˈkwaɪə] *[ri-kwaiä]*
Brief	**letter** [ˈletə] *[lettä]*
Broker(in), Makler(in)	**broker** [ˈbrəʊkə] *[broukä]*
Broschüre, Prospekt	**brochure** [ˈbrəʊʃə] *[brouschä]*
brutto, Brutto	**gross** [grəʊs] *[grous]*
brutto, vor Abzug der Steuer	**pre-tax** [priːˈtæks] *[prih-täks]*
buchen, reservieren	**book** [bʊk] *[buk]*
Bücher/Konten prüfen	**audit** [ˈɔːdɪt] *[ohdit]*
Buchführung, Buchhaltung	**accounting** [əˈkaʊntɪŋ] *[ä-kaunting]*
Buchführung, Rechnungswesen	**accountancy** [əˈkaʊntənsɪ] *[ä-kauntänsi]*
bürgen für, gewährleisten	**guarantee** [gærənˈtiː] *[gärän-tih]*
Büro, Kanzlei, Filiale	**office** [ˈɒfɪs] *[ofis]*

Büroangestellte(r), Angestellte(r)	**white-collar worker** ['waɪtkɒlə 'wɜːkə] *[waitkolä wöhkä]*
Bürokratie, Beamtentum	**officialdom** [ə'fɪʃldəm] *[ä-fischldäm]*
Bußgeld, Geldstrafe	**fine** [faɪn] *[fain]*

C

Chef(in), Leiter(in), Haupt	**head** [hed] *[hed]*

D

Darlehen, Anleihe	**loan** [ləʊn] *[loun]*
das Kapital aufbringen für, finanzieren	**fund** [fʌnd] *[fand]*
Daten	**data** ['deɪtə] *[däitä]*
Datum	**date** [deɪt] *[däit]*
Dauerauftrag, Abonnement	**standing order** ['stændɪŋ 'ɔːdə] *[ständing ohdä]*
Deflation	**deflation** [dɪ'fleɪʃn] *[di-fläischn]*
delegieren, übertragen	**deligate** ['delɪgeɪt] *[deligäit]*
deponieren, einzahlen	**deposit** [dɪ'pɒzɪt] *[di-posit]*
deregulieren	**deregulate** [diː'regjʊleɪt] *[dih-regjuläit]*
Differenz, Saldo, Restbetrag	**balance** ['bæləns] *[bäläns]*
Direktorium, Vorstand	**board** [bɔːd] *[boad]*
Dividende	**dividend** ['dɪvɪdend] *[dividend]*
Dokument, Urkunde	**document** ['dɒkjʊmənt] *[dokjumänt]*
Dominoeffekt	**knock-on effekt** ['nɒkɒn ɪ'fekt] *[nakon i-fekt]*
drücken (z. B. Preis)	**force down** [fɔːs 'daʊn] *[fohs daun]*
durchsetzen, vollstrecken	**inforce** [ɪn'fɔːs] *[in-fohs]*
durchstellen, verbinden (Telefon)	**put through** [pʊt 'Ɵruː] *[put sruh]*

E

Eigentum, Besitz	**estate** [ɪ'steɪt] *[i-stäit]*

Eigentum, (Grund-)Besitz, Eigenschaft	**property** ['prɒpətɪ] *[propäti]*
Eignungstest, -prüfung	**aptitude test** ['æptɪtjuːd test] *[äptitjuhd test]*
einbauen, installieren	**install** [ɪn'stɔːl] *[in-stahl]*
einführen, importieren	**import** [ɪm'pɔːt] *[im-poht]*
einführen, auf den Markt bringen	**launch** [lɔːntʃ] *[lohntsch]*
einkalkulieren, haushalten	**budget** ['bʌdʒɪt] *[badschit]*
Einkommen, Einkünfte	**income** ['ɪnkʌm] *[inkam]*
einlösen, ehren	**honour** *UK*, **honor** *US* ['ɒnə] *[anä]*
einpacken, einwickeln	**wrap** [ræp] *[räp]*
einschätzen, bewerten, schätzen	**assess** [ə'ses] *[ä-ses]*
einschätzen (Satz, Tarif, Kurs)	**rate** [reɪt] *[räit]*
einschließlich, inklusive	**including** [ɪn'kluːdɪŋ] *[in-kluhding]*
Einschränkung, Nebenbedingung	**constraint** [kən'streɪnt] *[kon-sträint]*
einstimmig	**unanimous** [juː'nænɪməs] *[juh-nänimäs]*
Einweg…, nicht umtauschbar	**non-returnable** [nɒnrɪ'tɜːnəbl] *[nonri-töhnäbl]*
einzahlen, deponieren	**deposit** [dɪ'pɒzɪt] *[di-posit]*
Einzelhandel	**retail** ['riːteɪl] *[rihtäil]*
Einzelhändler	**retailer** ['riːteɪlə] *[rihtäilä]*
Einzelheiten	**particulars** (pl) [pə'tɪkjələz] *[pä-tikjäläs]*
einziehen, kassieren, abholen	**collect** [kə'lekt] *[ko-lekt]*
Elektronik	**electronics** [ɪlek'trɒnɪks] *[ilek-troniks]*
empfehlen	**recommend** [rekə'mend] *[rekä-mend]*
Endprodukt, Fertigprodukt…	**finished produkt** ['fɪnɪʃt 'prɒdʌkt] *[finischt prodakt]*
Engpass	**bottleneck** ['bɒtlnek] *[batlnek]*
Entfernung, Reihe, Auswahl	**range** [reɪndʒ] *[räindsch]*
entlassen, feuern (ugs.)	**sack** (ugs.) [sæk] *[säk]*
entlassen	**dismiss** [dɪs'mɪs] *[dis-mis]*
entlassen (vorübergehend)	**lay off** [leɪ 'ɒf] *[läi of]*
Entlassung, Arbeitslosigkeit (nach Rationalisierung)	**redundancy** [rɪ'dʌndənsɪ] *[ri-dandänsi]*

entschädigen, zurückerstatten, ersetzen	**reimburse** [riːɪm'bɜːs] *[rih-im-böhs]*
Entschädigung, Schadensersatz	**damages** ['dæmɪdʒɪz] *[dämitscheis]*
entwickeln, erschließen	**develop** [dɪ'veləp] *[di-weläp]*
Erfolg haben, blühen	**thrive** [Θraiv] *[sraif]*
erfüllen, leisten	**perform** [pə'fɔːm] *[pä-fohm]*
erfüllen, befolgen	**comply with** [kəm'plaɪ wiΘ] *[com-plai wis]*
Erfüllung, Ausführung	**fulfilment** UK, **fulfillment** US [fʊl'fɪlmənt] *[full-fillment]*
Erhalt, Quittung, Beleg	**receipt** [rɪ'siːt] *[ri-siht]*
erheben, verhängen	**impose** [ɪm'pəʊz] *[im-pous]*
erhöhen, anheben	**raise** [reɪz] *[reis]*
erlauben, gestatten	**permit** [pə'mɪt] *[pä-mit]*
Erlaubnis, Genehmigung	**permission** [pɜː'mɪʃn] *[pöh-mischn]*
erledigen, sich kümmern um	**attend** [ə'tend] *[ä-tend]*
erleiden	**incur** [ɪn'kɜː] *[in-köhä]*
Erlös, Ertrag	**proceeds** (pl) ['prəʊsiːdz] *[prousihts]*
Ermittlung, Nachforschung	**investigation** [ɪnvestɪ'geɪʃn] *[inwesti-gäischn]*
erreichbar, verfügbar	**available** [ə'veɪləbl] *[ä-wäiläbl]*
erschließen, weiterentwickeln	**develop** [dɪ'veləp] *[di-weläp]*
Ersparnisse	**savings** (pl) ['seɪvɪŋz] *[säivings]*
erstatten, abzahlen	**repay** [riː'peɪ] *[rih-päi]*
erstklassig, mündelsicher (Aktien)	**gilt-edged** [gɪlt'edʒd] *[gilt-edschd]*
Ertrag, Rendite	**yield** [jiːld] *[jihld]*
erwerben, erlangen	**acquire** [ə'kwaɪə] *[ä-kwaiä]*
erwerbstätig, Arbeits...	**working** ['wɜːkɪŋ] *[wöhking]*
erwerbsunfähig	**incapacitated** [ɪnkə'pæsɪteɪtɪd] *[inkä-päsitäitid]*
Erwerbsunfähigkeit	**incapacity for work** [ɪnkə'pæsɪti fə wɜːk] *[inkä-päsiti foh wöhk]*
Etikett, Schild	**label** ['leɪbl] *[läibl]*
expandieren, sich vergrößern	**expand** [ik'spænd] *[ik-spänd]*
exportieren, ausführen	**export** [ɪk'spɔːt] *[ik-spoht]*
Extras, Zusatzkosten	**extras** (pl) ['ekstrəz] *[eksträs]*

F

Fabrik, Werk	**factory** [ˈfæktərɪ] *[fäktäri]*
Fachkenntnis, Know-how	**know-how** [ˈnəʊhaʊ] *[nouwau]*
Fachkenntnis, Kompetenz	**expertise** [ekspɜ:ˈti:z] *[ekspöh-tihs]*
Fachmann/Fachfrau	**specialist** [ˈspeʃəlɪst] *[speschälist]*
Fahrpreis, Flugpreis	**fare** [feə] *[feä]*
Faktor	**factor** [ˈfæktə] *[fäktä]*
fällig	**due** [dju:] *[djuh]*
fällig werden, ablaufen	**expire** [ikˈspaɪə] *[ik-speiä]*
Fälligkeit	**maturity** [məˈtjʊərətɪ] *[mä-tjuäräti]*
Fälschung	**counterfeit** [ˈkaʊntəfɪt] *[kauntäfit]*
falsch adressieren	**misdirect** [mɪsdaɪˈrekt] *[misdai-rekt]*
fehlerhaft	**defective** [dɪˈfektɪv] *[di-fektiv]*
Fehlkalkulation, Rechenfehler	**miscalculation** [mɪskælkjʊˈleɪʃn] *[miskälkju-läischn]*
Fehlmenge, Mangel	**shortage** [ˈʃɔ:tɪdʒ] *[schohtidsch]*
feilschen, (aus)handeln	**bargain** [ˈbɑ:gən] *[bahgäin]*
Fernverkehr	**long-distance traffic** [lɒŋˈdɪstəns ˈtræfik] *[long-distäns träfik]*
Fertigkeit, Kenntnis	**skill** [skɪl] *[skil]*
fertigstellen, vervollständigen	**complete** [kəmˈpli:t] *[käm-pliht]*
fest	**firm** [fɜ:m] *[föhm]*
feste(r) Mitarbeiter(in)	**staffer** *US* [ˈstæfər] *[stäffär]*
finanziell, Finanz…	**financial** [faɪˈnænʃl] *[fai-nänschl]*
finanzieren	**finance** [ˈfaɪnæns] *[fainäns]*
finanzieren, das Kapital aufbringen für	**fund** [fʌnd] *[fand]*
Finanzierung	**funding** [ˈfʌndɪŋ] *[fanding]*
Firma, stabil, fest	**firm** [fɜ:m] *[föhm]*
Firma, Unternehmen	**company** [ˈkʌmpənɪ] *[kampeni]*
flau (Börse)	**bearish** [ˈbeərɪʃ] *[bärisch]*
Flaute	**lull** [lʌl] *[lal]*

Flexibilität	**flexibility** [fleksə'bɪlətɪ] *[fleksä-biläti]*
florieren, boomen	**boom** [bu:m] *[buhm]*
Flugpreis, Fahrpreis	**fare** [feə] *[feä]*
Förderer, Förderin, Veranstalter(in)	**promoter** [prə'məʊtə] *[prä-moutä]*
Förderer, Förderin, Sponsor	**sponsor** ['spɒnsə] *[sponsä]*
fordern, brauchen, benötigen	**require** [rɪ'kwaɪə] *[ri-kwaiä]*
Forderung, Anspruch	**claim** [kleɪm] *[kläim]*
fördern	**sponsor** ['spɒnsə] *[sponsä]*
Fracht(gut), Ladung	**freight** [freɪt] *[freit]*
Fracht, Ladung	**cargo** ['kɑ:gəʊ] *[kahgou]*
Fragebogen	**questionnaire** [kwestʃə'neə] *[kwestsche-neä]*
freie Stelle	**vacancy** ['veɪkənsɪ] *[feikänsi]*
frei, kostenlos	**free** [fri:] *[frih]*
frei, leer, unbesetzt	**vacant** ['veɪkəntɪ] *[feikänt]*
freiberuflich tätig sein	**freelance** ['fri:lɑ:ns] *[frihlahns]*
freiwillig, auf Wunsch erhältlich	**optional** ['ɒpʃnəl] *[opschnäl]*
freiwillig, ehrenamtlich	**voluntary** ['vɒləntrɪ] *[wollentri]*
Freizeit	**leisure** ['leʒə] *[leschä]*
Fristverlängerung, Durchwahl	**extension** [ɪk'stenʃn] *[ik-stennschn]*
führen	**lead** [li:d] *[lihd]*
führen	**stock** [stɒk] *[stok]*
füllen, besetzen	**fill** [fɪl] *[fill]*
Funktion, Aufgabe	**function** ['fʌŋkʃn] *[fanktschn]*
funktionieren	**function** ['fʌŋkʃn] *[fanktschn]*
fusionieren, verschmelzen	**amalgamate** [ə'mælgəmeɪt] *[ä-mälgämäit]*

G

Garantie, Gewährleistung	**warranty** ['wɒrəntɪ] *[waränti]*
garantieren, gewährleisten, bürgen für	**guarantee** [gærən'ti:] *[gärän-tih]*
Gebrauch, Nutzen	**use** [ju:s] *[juhs]*

Gebühr, Maut, Zoll	**toll** [təʊl] *[toul]*
Gebühr, Kosten	**charge** [tʃɑːdʒ] *[tschahdsch]*
gefälscht, Fälschung	**counterfeit** ['kaʊntəfɪt] *[kauntäfit]*
gegenseitig, wechselseitig	**reciprocal** [rɪ'sɪprəkl] *[ri-sipräkl]*
Gehalt	**salary** ['sælərɪ] *[sälleri]*
Gehehmigung, Lizenz	**licence** *UK,* **license** *US* ['laɪsns] *[laisns]*
Geld überweisen	**wire money** [waɪə 'mʌnɪ] *[waiä manni]*
Geld	**money** ['mʌnɪ] *[manni]*
Gelder, Mittel	**funds** *(pl)* ['fʌndz] *[fands]*
Geldstrafe, Bußgeld	**fine** [faɪn] *[fain]*
Geld verleihen	**lend** ['lend] *[lend]*
gemeinsam, beiderseitig, gegenseitig	**mutual** ['mjuːtʃʊəl] *[mjuhtschuäl]*
gemeinsam, Gemeinschafts…	**joint** [dʒɔɪnt] *[dschoint]*
genehmigen, billigen	**approve** [ə'pruːv] *[a-pruhf]*
Genehmigung, Erlaubnis	**permission** [pɜ:'mɪʃn] *[pöh-mischn]*
Gerät, Vorrichtung, Apparat	**device** [dɪ'vaɪs] *[di-wais]*
Gerätestörung	**hardware failure** ['hɑːdweə 'feɪlure] *[hahdweä fäiljä]*
gerecht	**fair** [feə] *[feä]*
Gericht	**court (of law)** [kɔːt (əv 'lɔː)] *[kohd (of loh)]*
gerichtlich, Justiz…	**judicial** [dʒuː'dɪʃl] *[dschuh-dischl]*
Gesamt…, gesamt	**total** ['təʊtl] *[toutl]*
Geschäft, Handel, Abkommen	**deal** [diːl] *[dihl]*
Geschäft, Unternehmen	**business** ['bɪznɪs] *[bisnis]*
Geschäftemacher	**profiteer** [prɒfɪ'tɪə] *[profitiä]*
Geschäftsbrief	**business letter** ['bɪznɪs 'letə] *[bisnis letä]*
Geschäftsmann, Kaufmann	**businessman** ['bɪznɪsmæn] *[bisnismän]*
Geschäftsreise	**business trip** ['bɪznɪs trɪp] *[bisnis trip]*
Geschäftszeiten	**hours of business** *(pl)* ['aʊəz əv 'bɪznɪs] *[auäs of bissnis]*

Gesellschaft mit beschränkter Haftung (GmbH)	**private limited company (Ltd)** *UK* ['praɪvət 'lɪmɪtɪd 'kʌmpənɪ] *[praiwet limitid kampäni]*
Gesetz, Recht	**law** [lɔ:] *[loh]*
Gesetzesübertretung, Verletzung	**violation** [vaɪə'leɪʃn] *[waiä-leschn]*
gesetzlich, rechtlich	**legal** ['li:gl] *[lihgl]*
gesetzwidrig, ungesetzlich	**unlawful** [ʌn'lɔ:fl] *[an-lohfl]*
Gesundheitsfürsorge	**health care** ['helθ keə] *[hels kehä]*
gewähren, bewilligen	**grant** [grɑ:nt] *[grahnt]*
Gewicht	**weight** [weɪt] *[wäit]*
Gewinn, Profit	**profit** ['prɒfɪt] *[profit]*
gewinnen, erwerben	**gain** [geɪn] *[gäin]*
Gläubiger	**creditor** ['kredɪtə] *[kreditä]*
Gleitzeit	**flexitime** *UK,* **flextime** *US* [fleksɪtaɪm, flekstaɪm] *[fleksitaim, flekstaim]*
global, weltweit	**global** ['gləʊbl] *[gloubl]*
Gremium, Ausschuss	**committee** [kə'mɪtɪ] *[ko-miti]*
Grenze	**limit** ['lɪmɪt] *[limit]*
Größe, Masse	**bulk** [bʌlk] *[balk]*
Großhandel, Großhandels…	**wholesale** ['həʊlseɪl] *[houlsäil]*
Großhändler(in)	**wholesaler** ['həʊlseɪlə] *[houlsäilä]*
Großindustrieller	**tycoon** [taɪ'ku:n] *[teikuhn]*
Großkunde, Hauptkunde	**key customer** [ki: 'kʌstəmə] *[kih kastämä]*
Grundbesitz, Anteile	**holdings** *(pl)* ['həʊldɪŋz] *[houldings]*
Grundbesitz, Eigentum	**estate** [ɪ'steɪt] *[i-stäit]*
gründen, anfangen, beginnen	**start** [stɑ:t] *[staht]*
gründen, bilden	**establish** [ɪ'stæblɪʃ] *[i-stäblisch]*
Grundsatzerklärung	**mission statement** ['mɪʃn 'steɪtmənt] *[mischn-stäitment]*
Grundstück, Gelände, Räumlichkeiten	**premises** *(pl)* ['premɪsɪz] *[premisis]*
gültig, stichhaltig	**valid** ['vælɪd] *[wälid]*
Güter, Waren	**goods** *(pl)* [gʊdz] *[guds]*

gutheißen, billigen	**endorse** [ɪnˈdɔːs] *[in-dohs]*
Gutschein, Bon	**voucher** [ˈvaʊtʃə] *[wautschä]*
Gutschein, Zeichen	**token** [ˈtəʊkən] *[touken]*

H

haben, besitzen	**own** [əʊn] *[oun]*
haben, besitzen	**possess** [pəˈzes] *[po-ses]*
Hafen	**harbour** *UK*, **harbor** *US* [ˈhɑːbə *UK*, ˈhɑːbər *US*] *[hahbä UK, hahbeä US]*
Hafen	**port** [pɔːt] *[poht]*
haftbar, verpflichtet	**liable** [ˈlaɪəbl] *[laiäbl]*
haften für, bürgen, versichern	**underwrite** [ʌndəˈraɪt] *[ander-rait]*
Haftpflichtversicherung	**liability insurance** [laɪəˈbɪlətɪ ɪnˈʃʊrəns] *[laiä-biliti in-schuräns]*
Haftung, Verbindlichkeit	**liability** [laɪəˈbɪlətɪ] *[laiä-biläti]*
Halbjahres...	**half-year** [ˈhɑːfjɪə] *[hahfjiä]*
Haltbarkeit, Widerstandsfähigkeit	**durability** [djʊərəˈbɪlətɪ] *[djuärä-biläti]*
Haltbarkeitsdatum	**sell-by date** [ˈselbaɪ deɪt] *[selbai däit]*
Handel, Geschäft, Schnäppchen	**bargain** [ˈbɑːgən] *[bahgäin]*
Handel, Gewerbe	**trade** [treɪd] *[träid]*
Handel	**trading** [ˈtreɪdɪŋ] *[träiding]*
handeln, Handel treiben	**trade** [treɪd] *[träid]*
Handelsbilanz	**balance of trade** [ˈbæləns əv ˈtreɪd] *[bäläns of träid]*
Handelskammer	**chamber of commerce** [ˈtʃeɪmbər əv ˈkɒmɜːs] *[tschäimbär of komöhs]*
Händler(in)	**merchant** [ˈmɜːtʃnt] *[möhtschnt]*
Haupt..., Generaldirektor(in)	**chief** [tʃiːf] *[tschief]*
Haupt...	**principal** [ˈprɪnsɪpl] *[prinsipl]*
Haupt..., Chef(in), Leiter(in)	**head** [hed] *[hed]*
Hauptlieferant	**key supplier** [kiː səˈplaɪə] *[kih sä-plaiä]*
Hauptkunde, Großkunde	**key customer** [kiː ˈkʌstəmə] *[kih kastämä]*
haushalten, einkalkulieren	**budget** [ˈbʌdʒɪt] *[badschit]*

Headhunter	**headhunter** ['hedhʌntə] *[hedhantä]*
herausbringen, veröffentlichen	**release** [rɪ'liːs] *[ri-lihs]*
herstellen, treffen	**make** [meɪk] *[mäik]*
herstellen	**manufacture** [mænju'fæktʃə] *[mänju-fäktschä]*
Hersteller	**manufacturer** [mænju'fæktʃərə] *[mänju-fäktschärä]*
Herstellung, Produktion	**production** [prə'dʌkʃn] *[prä-dakschn]*
herstellen, produzieren	**produce** [prə'djuːs] *[pro-djuhs]*
herunterstufen, herabsetzen	**downgrade** [daʊn'greɪd] *[daun-gräid]*
hervorbringen, produzieren	**turn out** [tɜːn 'aʊt] *[töhn aut]*
hervorbringen, abwerfen	**yield** [jiːld] *[jihld]*
hoch, Höchststand	**high** [haɪ] *[hei]*
Hochtechnologie, hochtechnologisch	**high-tech** [haɪ'tek] *[hai-tek]*
Homebanking	**home banking** ['həʊm 'bæŋkɪŋ] *[houm bängking]*
Homepage	**homepage** ['həʊmpeɪdʒ] *[houmpäidsch]*
Hypothek	**mortgage** ['mɔːɡɪdʒ] *[mohgitsch]*

I

im Voraus bezahlen	**prepay** [priːpeɪ] *[prihpäi]*
Image, Bild	**image** ['ɪmɪdʒ] *[imidsch]*
Importeur, Importfirma	**importer** [ɪm'pɔːtə] *[im-pohtä]*
in Betrieb sein, betätigen	**operate** ['ɒpəreɪt] *[opäräit]*
in die Höhe schnellen	**soar** [sɔː] *[soh]*
in Rechnung stellen, fakturieren	**invoice** ['ɪnvɔɪs] *[inwois]*
in Rente gehen	**retire** [rɪ'taɪə] *[ri-taiä]*
Instandhaltung, Instandhaltungskosten	**upkeep** ['ʌpkiːp] *[apkihp]*
Industrie, Branche	**industry** ['ɪndəstrɪ] *[indästri]*
Inflation, Preissteigerung	**inflation** [ɪn'fleɪʃn] *[in-fläischn]*
Information(en), Auskunft	**information** [ɪnfə'meɪʃn] *[infä-mäischn]*
Infrastruktur	**infrastructure** ['ɪnfrəstrʌktʃə] *[infrästraktschä]*

Ingenieur(in), Techniker(in)	**engineer** [endʒɪ'nɪə] *[entschi-niä]*
Innen…, Inland…, Binnen…	**domestic** [də'mestɪk] *[do-mestik]*
inserieren, annoncieren, werben für	**advertise** ['ædvətaɪz] *[ädvätais]*
Instruktionen, knapp, kurz	**brief** [brɪːf] *[brihf]*
integrieren, als Aktiengesellschaft eintragen	**incorporate** [ɪn'kɔːpəreɪt] *[in-kohpäräit]*
in Teilzeit…, stundenweise	**part-time** ['pɑːttaɪm] *[pahtaim]*
intern, Innen…	**internal** [ɪn'tɜːnl] *[intöhnl]*
investieren	**invest** [ɪn'vest] *[in-west]*

J

jährlich, Jahres…	**annual** ['ænjʊəl] *[änjuäl]*
jdn. einweisen, instruieren	**brief sb.** [brɪːf] *[brihf]*
just-in-time, bedarfsorientiert	**just-in-time (JIT)** [dʒʌstɪn'taɪm] *[dschastin-taim]*

K

Kapazität, Auslastung	**capacity** [kə'pæsətɪ] *[kä-päsäti]*
Kapital, Vermögen	**capital** ['kæpɪtl] *[käpitl]*
(das) Kapital aufbringen für, finanzieren	**fund** [fʌnd] *[fand]*
Kapitalgesellschaft, Aktiengesellschaft US	**corporation** [kɔːpə'reɪʃn] *[kohpä-räischn]*
Karriere, beruflicher Lebenslauf	**career** [kə'rɪə] *[kä-riä]*
kassieren, einziehen, abholen	**collect** [kə'lekt] *[ko-lekt]*
Katalog, Prospekt	**catalogue** ['kætəlɒg] *[kätälohg]*
Katastrophenszenario	**worst-case scenario** ['wɜːstkeɪs sɪ'nɑːrɪəʊ] *[wöhstkäis si-nahriou]*
Kauf, Anschaffung	**purchase** ['pɜːtʃəs] *[pöhtsches]*
kaufen, erwerben	**purchase** ['pɜːtʃəs] *[pöhtsches]*
Käufer(in), Abnehmer(in), Einkäufer(in)	**buyer** [baɪə] *[baiä]*

Käufer(in)	**purchaser** ['pɜ:tʃəsə] *[pöhtschesä]*
Kennziffer	**index number** ['ɪndeks 'nʌmbə] *[indeks numbä]*
klagen, Klage erheben	**sue** [su:] *[suh]*
knapp (bemessen), streng	**teight** [taɪt] *[tait]*
Kollektiv…, kollektive(r,s)	**collectiv** [kə'lektɪv] *[kö-lektiv]*
kommerzialisieren, vermarkten	**commercialize** [kə'mɜ:ʃlaɪz] *[ko-möhschlais]*
Kompetenz, Fachkenntnis	**expertise** [ekspɜ:'ti:z] *[ekspöh-tihs]*
Konferenz, Besprechung	**conference** ['kɒnfrəns] *[kanfräns]*
Konflikt, Streit	**dispute** [dɪ'spju:t] *[di-spjuht]*
Konkurrent(in), Konkurrenz…	**rival** ['raɪvl] *[raifl]*
Konkurrenz, Wettbewerb	**competition** [kɒmpə'tɪʃn] *[kompe-tischn]*
konsolidieren	**consolidate** [kən'sɒlɪdeɪt] *[kän-solidäit]*
Konto, Rechnung	**account** [ə'kaʊnt] *[ä-kaunt]*
Kontoüberziehung	**overdraft** [əʊvədrɑ:ft] *[ouwädrahft]*
Konzern, Gruppe	**group** [gru:p] *[gruhp]*
Konzession	**franchise** ['fræntʃaɪz] *[fräntscheis]*
Korrespondenz, Schriftwechsel	**correspondence** [kɒrə'spɒndəns] *[korä-spondäns]*
Kosten, Gebühr	**charge** [tʃɑ:dʒ] *[tschahdsch]*
Kosten, Preis	**cost** [kɒst] *[kost]*
Kosten, Ausgaben	**outlay** ['aʊtleɪ] *[autläi]*
kostenlos, frei	**free** [fri:] *[frih]*
Krankenversicherung	**health insurance** ['helθ ɪn'ʃʊərəns] *[hels in-schuäräns]*
Kredit	**credit** ['kredɪt] *[kredit]*
(sich) kümmern um, erledigen	**attend** [ə'tend] *[ä-tend]*
Kunde, Kundin, Auftraggeber(in)	**client** ['klaɪənt] *[klaient]*
Kunde	**customer** ['kʌstəmə] *[kastämä]*
Kundendienst	**after-sale service** ['ɑ:ftəseɪlz 'sɜ:vɪs] *[ahftäsäils-söwis]*
Kundenkonto, Rechnung…	**account** [ə'kaʊnt] *[ä-kaunt]*
kündigen, zurücktreten	**resign** [rɪ'zaɪn] *[ri-sain]*
kündigen	**quit** [kwɪt] *[kwit]*

kündigen, ablaufen, (be)enden	**terminate** ['tɜ:mɪneɪt] *[töhminäit]*
Kündigung, Rücktritt	**resignation** [rezɪg'neɪʃn] *[resig-näischn]*
Kündigung, Mitteilung	**notice** ['nəʊtɪs] *[noutis]*

L

Laden, Lager, Vorrat	**store** [stɔ:] *[stoh]*
Ladung, Fracht	**cargo** ['kɑ:gəʊ] *[kahgou]*
Lage, Standort	**location** [ləʊ'keɪʃn] *[lou-käischn]*
Lagerhaus, Lager	**warehouse** ['weəhaʊs] *[weahaus]*
lagern, aufbewahren	**store** [stɔ:] *[stoh]*
Lagerung	**storage** ['stɔ:rɪdʒ] *[stohridsch]*
landesweit	**nationwide** [neɪʃn'waɪd] *[näischn-weid]*
Landwirtschaft, Ackerbau	**agriulture** ['ægrɪkʌltʃə] *[ägrikaltschä]*
Landwirtschaft	**farming** ['fɑ:mɪŋ] *[fahming]*
langfristig	**long-term** ['lɒŋtɜ:m] *[longtöhm]*
langlebige Gebrauchsgüter	**durable consumer goods** (pl) ['djʊərəbl kən'sju:mə gʊdz] *[djuäräbl kon-sjuhmä guds]*
Lebensmittel	**groceries** (pl) ['grəʊsərɪz] *[grousäris]*
Lehrling	**apprentice** [ə'prentɪs] *[ä-prentis]*
leicht verderblich	**perishable** ['perɪʃəbl] *[perischäbl]*
leisten, erfüllen	**perform** [pə'fɔ:m] *[pä-fohm]*
leistungsfähig, effizient	**efficient** [ɪ'fɪʃnt] *[i-fischnt]*
Leistungsfähigkeit, Effizienz…	**efficiency** [ɪ'fɪʃnsɪ] *[i-fischnsi]*
leiten, betreiben, bedienen	**run** [rʌn] *[ran]*
Leiter(in), Haupt…, Chef(in)	**head** [hed] *[hed]*
Leitzins	**base rate** ['beɪs reɪt] *[bäis räit]*
Lieferant(in)	**supplier** [sə'plaɪə] *[sä-pleiä]*
liefern, zustellen	**deliver** [dɪ'lɪvə] *[di-livä]*
Logo, Emblem	**logo** ['ləʊgəʊ] *[lougou]*
Lohn	**wage** [weɪdʒ] *[wäidsch]*
Lohnkosten	**labour costs** ['leɪbə kɒsts] *[läibä kosts]*

Lücke	**gap** [gæp] *[gäp]*
Luftfracht	**airfreight** [ˈeəfreɪt] *[eäfräit]*

M

Machbarkeitsstudie	**feasibility study** [fiːzəˈbɪlətɪ ˈstʌdɪ] *[fihsä-biläti stadi]*
Mahnung, Mahnbrief	**reminder** [rɪˈmaɪndə] *[ri-maindä]*
Makler(in), Broker(in)	**broker** [ˈbrəʊkə] *[broukä]*
Maklergebühr	**brokerage** [ˈbrəʊkərɪdʃ] *[broukäritsch]*
Mangel, Fehler	**imperfection** [ɪmpəˈfekʃn] *[impä-fekschn]*
Mangel, Fehlmenge	**shortage** [ˈʃɔːtɪdʒ] *[schohtidsch]*
Mappe, Portfolio	**portfolio** [pɔːtˈfəʊlɪəʊ] *[poht-fouliou]*
Marke, Markenname	**brand** [brænd] *[bränd]*
markenfrei	**non-branded** [nɒnˈbrændɪd] *[non-brändid]*
Markt	**market** [ˈmɑːkɪt] *[mahkit]*
Marktanteil	**market share** [ˈmɑːkɪt ʃeə] *[mahkit scheä]*
maßgeschneidert, genau zugeschnitten	**tailor-made** [ˈteɪləmeɪd] *[täilämäid]*
Masse, Größe	**bulk** [bʌlk] *[balk]*
Maut, Zoll, Gebühr	**toll** [təʊl] *[toul]*
Medien	**media** [ˈmiːdɪə] *[mihdiä]*
Mehrheit, Majorität	**majority** [məˈdʒɒrətɪ] *[mä-dscharäti]*
Meldepflicht	**notifiable** [ˈnəʊtɪfaɪəbl] *[noutifeiäbl]*
Menge, Quantität	**quantity** [ˈkwɒntətɪ] *[kwantäti]*
Merchandising, Verkaufsförderung	**merchandising** [ˈmɜːtʃndaɪzɪŋ] *[möhtschndaising]*
Messe, Ausstellung	**fair** [feə] *[feä]*
mieten, einstellen	**hire** [ˈhaɪə] *[haiä]*
mieten, pachten	**rent** [rent] *[rent]*
mieten, pachten	**lease** [liːs] *[lihs]*
Misserfolg, Scheitern	**failure** [ˈfeɪljə] *[fäiljä]*

Misswirtschaft,	
Missmanagement	**mismanagement** [mɪs'mænɪdʒmənt] *[mis-mänidschmänt]*
mit getrennter Post	**under separate cover** ['ʌndə 'seprət 'kʌvə] *[andä seprät kavä]*
Mitarbeiter(in), Untergebene(r)	**subordinate** [sə'bɔːdɪnət] *[sä-bohdinät]*
Mitglied	**member** ['membə] *[membä]*
Mitteilung, Vermerk	**memorandum** [memə'rændəm] *[memä-rändäm]*
Mitteilung, Nachricht	**message** ['mesɪdʒ] *[messidsch]*
mittlere(r,s)	**medium** ['miːdɪəm] *[mihdiäm]*
Modell, Marke, Art	**type** [taɪp] *[taip]*
monetär, Geld…, Währungs…	**monetary** ['mʌnɪtrɪ] *[mannitri]*
Motivation	**motivation** [məʊtɪ'veɪʃn] *[mouti-wäischn]*
Multitasking	**multitasking** [mʌltɪ'tɑːskɪŋ] *[malti-tahsking]*
mündelsicher, erstklassig (Aktien)	**gilt-edged** [gɪlt'edʒd] *[gilt-edschd]*
Muster, (Waren-)Probe	**sample** ['sɑːmpl] *[sahmpl]*
Muttergesellschaft, Stammhaus	**parent company** ['peərənt 'kʌmpənɪ] *[peäränt kampäni]*

N

nach Übersee, in Übersee,	
im Ausland	**overseas** [əʊvə'siːz] *[ouwä-sihs]*
Nachahmerprodukt,	
No-Name-Produkt	**generic product** [dʒe'nerik 'prɒdʌkt] *[dsche-nerik prodakt]*
Nachbestellung	**repeat order** [rɪ'piːt 'ɔːdə] *[ri-piht ohdä]*
Nachfolger(in)	**successor** [sək'sesə] *[säk-sesä]*
Nachforschung, Ermittlung	**investigation** [ɪnvestɪ'geɪʃn] *[inwesti-gäischn]*
Nachfrage, Forderung	**demand** [dɪ'mɑːnd] *[di-mahnd]*
(Preis-)Nachlass, Rückzahlung	**rebate** ['riːbeɪt] *[rihbäit]*
nachlassen, abnehmen	**decrease** [dɪ'kriːs] *[di-krihs]*
nachprüfen, belegen	**verify** ['verɪfaɪ] *[werifai]*
Nachricht, Mitteilung	**message** ['mesɪdʒ] *[messidsch]*

Nachteil, Schaden	**disadvantage** [dɪsəd'vɑːntɪdʒ] *[disäd-wahntidsch]*
nehmen, bringen	**take** [teɪk] *[täik]*
netto, Netto…, Rein…	**net** [net] *[net]*
Netzwerk	**network** ['netwɜːk] *[netwöhk]*
Neuerung, Innovation	**innovation** [ɪnə'veɪʃn] *[inä-wäischn]*
Neugründung, Anlauf	**start-up** [stɑːtʌp] *[stahtap]*
(einen Wechsel) nicht einlösen	**dishonour** UK, **dishonor** US ['dɪsɒnə] *[disonä]*
nicht geliefert	**undelivered** [ʌndɪ'lɪvəd] *[andi-liväd]*
nicht umtauschbar	**non-returnable** [nɒnrɪ'tɜːnəbl] *[nonri-töhnäbl]*
Niedrigstkurs	**floor price** ['flɔː praɪs] *[floh prais]*
Notiz, Vermerk, Banknote	**note** [nəʊt] *[nout]*
Notwendigkeit, Bedarf	**need** [niːd] *[nihd]*
Nutzen, Gebrauch	**use** [juːs] *[juhs]*
nutzen, verwerten	**utilize** ['juːtɪlaɪz] *[juhtilais]*
Nutznießer(in), Begünstigte(r)	**beneficiary** [benɪ'fɪʃərɪ] *[beni-fischeri]*

O

Obligation, *festverzinsliches Wertpapier*	**bond** [bɒnd] *[bond]*
obligatorisch, verpflichtend	**obligatory** [ə'blɪɡətrɪ] *[o-bligätri]*
offen, geöffnet	**open** ['əʊpən] *[oupän]*
öffentlich, Öffentlichkeit	**public** ['pʌblɪk] *[pablik]*
offiziell, amtlich	**official** [ə'fɪʃl] *[ä-fischl]*
öffnen	**open** ['əʊpən] *[oupän]*
ohne Sicherheiten	**unsecured** [ʌnsɪ'kjʊəd] *[ansi-kiuäd]*
Option, Vorkaufsrecht	**option** ['ɒpʃn] *[opschn]*

P

Pächter(in), Mieter(in)	**lessee** [le'siː] *[le-sih]*
pachten, mieten	**rent** [rent] *[rent]*
pachten, mieten	**lease** [liːs] *[lihs]*
packen, einpacken	**pack** [pæk] *[päk]*

Paket, Parzelle	**parcel** [ˈpɑːsl] *[pahsl]*
Partnerschaft,	
Personengesellschaft, Sozietät	**partnership** [ˈpɑːtnəʃip] *[pahtnäschip]*
patentieren lassen	**patent** [ˈpeɪtənt] *[päitent]*
Pauschalsumme	**lump sum** [ˈlʌmp sʌm] *[lamp sam]*
Periode, Zeitspanne	**period** [ˈpɪərɪəd] *[piäriäd]*
Personal, Belegschaft	**personnel** [pɜːsəˈnel] *[pöhsä-nel]*
Personal, Belegschaft	**staff** [stɑːf] *[stahf]*
Personalbeurteilung	**appraisal** [əˈpreɪzl] *[ä-präisl]*
Personalkredit	**personal loan** [ˈpɜːsənl ləʊn] *[pöhsänl loun]*
Pflicht, Abgabe, Zoll	**duty** [ˈdjuːtɪ] *[djuhti]*
platzieren	**place** [pleɪs] *[pläis]*
Politik, Verfahrensweise	**policy** [ˈpɒləsɪ] *[poläsi]*
Portfolio, Mappe	**portfolio** [pɔːtˈfəʊlɪəʊ] *[poht-fouliou]*
Position, Stellung, Situation	**position** [pəˈzɪʃn] *[po-sischn]*
Posten, Artikel	**item** [ˈaɪtəm] *[eitem]*
Praktikum, Volontariat	**internship** [ˈɪntɜːnʃip] *[intönschip]*
Prämie, Gratifikation	**bonus** [ˈbəʊnəs] *[bounäs]*
Preis, Kosten	**cost** [kɒst] *[kost]*
Preis, Kurs	**price** [praɪs] *[prais]*
Preissenkung	**mark-down** [ˈmɑːkdaʊn] *[mahkdaun]*
Pressekonferenz	**press conference** [ˈpres ˈkɒnfərəns] *[pres konfäräns]*
privatisieren	**denationalize** [diːˈnæʃnəlaɪz] *[dih-näschnälais]*
Produkt	**product** [ˈprɒdʌkt] *[prodakt]*
Produktion, Ausstoß	**output** [ˈaʊtpʊt] *[autput]*
Produktion, Herstellung	**production** [prəˈdʌkʃn] *[prä-dakschn]*
produzieren, herstellen	**produce** [prəˈdjuːs] *[pro-djuhs]*
produzieren, hervorbringen	**turn out** [tɜːn ˈaʊt] *[töhn aut]*
profitieren, nützen	**benefit** [ˈbenɪfit] *[benifit]*
Prognose, Voraussage,	
Vorhersage	**forecast** [ˈfɔːkɑːst] *[foäkahst]*

Projektmanagement	**project management** ['prɒdʒekt 'mænɪdʒmənt] *[prodschekt mänitschmänt]*
Prospekt, Broschüre	**brochure** ['brəʊʃə] *[brouschä]*
protokollieren	**minute** ['mɪnɪt] *[minit]*
Prozent	**per cent** *UK,* **percent** *US* [pə'sent] *[pä-sent]*
Prozess, Verfahren, Probe	**trail** ['traɪəl] *[traiel]*
prüfen, inspizieren	**inspect** [ɪn'spekt] *[in-spekt]*
prüfen, belegen	**verify** ['verɪfaɪ] *[werifai]*
Prüfung, Überblick	**review** [rɪ'vjuː] *[ri-vjuh]*

Q

Qualität	**quality** ['kwɒlətɪ] *[kwoläti]*
Quartal, Vierteljahr, Viertel…	**quarter** ['kwɔːtə] *[kwohtä]*
Quittung, Beleg	**receipt** [rɪ'siːt] *[ri-siht]*

R

Rabatt	**discount** ['dɪskaʊnt] *[diskaunt]*
Rahmen, System	**framework** ['freɪmwɜːk] *[fräimwöhk]*
Rate	**instalment** *UK,* **installment** *US* [ɪn'stɔːlmənt] *[in-stohlmänt]*
raten, beraten	**advise** [əd'vaɪz] *[äd-weis]*
rationalisieren, bereinigen	**streamline** ['striːmlaɪn] *[strihmlain]*
rechnen, kalkulieren, schätzen	**reckon** ['rekən] *[reckön]*
Rechenfehler, Fehlkalkulation	**miscalculation** [mɪskælkjʊ'leɪʃn] *[miskälkju-läischn]*
Rechnung, Konto	**account** [ə'kaʊnt] *[ä-kaunt]*
Rechnung, Abrechnung	**bill** [bɪl] *[bill]*
Recht, Gesetz	**law** [lɔː] *[loh]*
rechtlich, gesetzlich	**legal** ['liːgl] *[lihgl]*
rechtmäßig	**lawful** ['lɔːfl] *[lohfl]*
Rechtsanwalt, Rechtsanwältin	**solicitor** *UK* [sə'lɪsɪtə] *[sä-lisitä]*

rechtswidrig, gesetzwidrig, ungesetzlich	**unlawful** [ʌnˈlɔ:fl] *[an-lohfl]*
Redundanz, Arbeitslosigkeit (nach Rationalisierung), Entlassung	**redundancy** [rɪˈdʌndənsɪ] *[ri-dandänsi]*
Referenz, Zeugnis	**reference** [ˈrefrəns] *[refräns]*
Regierung, Verwaltung	**administration** [ədmɪnɪˈstreɪʃn] *[ädmini-sträischn]*
Reibach, Riesengewinn	**killing** *(ugs.)* [ˈkɪlɪŋ] *[killing]*
Reisekosten, Reisespesen	**traveling expenses** [ˈtrævəlɪŋ ɪkˈspensɪz] *[träväling ik-spensis]*
Rendite, Ertrag	**yield** [ji:ld] *[jihld]*
rentabel	**profitable** [ˈprɒfɪtəbl] *[profitäbl]*
Rentabilität	**profitability** [prɒfɪtəˈbɪlətɪ] *[profitä-biläti]*
Rente, Pension	**pension** [ˈpenʃn] *[penschn]*
reprivatisieren	**denationalize** [di:ˈnæʃnəlaɪz] *[dih-näschnälais]*
reservieren, buchen	**book** [bʊk] *[buk]*
reservieren (lassen)	**reserve** [rɪˈzɜ:v] *[ri-söhf]*
Restbetrag, Differenz, Saldo	**balance** [ˈbæləns] *[bäläns]*
Rezession	**recession** [rɪˈseʃn] *[ri-seschn]*
richten, leiten, führen	**direct** [daɪˈrekt] *[dai-rekt]*
Richtlinie	**guideline** [ˈgaɪdlaɪn] *[gaidlain]*
Risiko	**risk** [rɪsk] *[risk]*
Rohstoff, Rohmaterial	**raw material** [rɔ: məˈtɪərɪəl] *[roh mä-tiäriäl]*
Rückstand, Rückstau	**backlog** [ˈbæklɒg] *[bäklog]*
Rückstand, Verzögerung	**lag** [læg] *[läg]*
Rückstand	**arrears** [əˈrɪəz] *[ä-riäs]*
Rücktritt, Kündigung	**resignation** [rezɪgˈneɪʃn] *[resig-näischn]*
Rückversicherung	**reinsurance** [ri:ɪnˈʃʊərəns] *[rih-in-schuäräns]*
Rückzahlung, (Preis-)Nachlass	**rebate** [ˈri:beɪt] *[rihbäit]*

S

Sachversicherung	**property insurance** [ˈprɒpətɪ ɪnˈʃʊərəns] *[propäti in-schuäräns]*

Saldo, Restbetrag, Differenz	**balance** ['bæləns] *[bäläns]*
Schaden, Nachteil	**disadvantage** [dɪsəd'vɑːntɪdʒ] *[disäd-wahntidsch]*
Schadensersatz, Entschädigung	**damages** ['dæmɪdʒɪz] *[dämitscheis]*
schätzen, bewerten, beurteilen	**evaluate** [ɪ'væljʊeɪt] *[i-wäljuäit]*
schätzen, (Satz, Tarif, Kurs)	**rate** [reɪt] *[räit]*
schätzen, abschätzen	**value** ['væljuː] *[wäljuh]*
schätzen, bewerten	**assess** [ə'ses] *[ä-ses]*
schätzen	**estimate** ['estɪmeɪt] *[estimäit]*
Schätzung, Kostenvoranschlag	**estimate** ['estɪmeɪt] *[estimäit]*
Scheck	**cheque** UK, **check** US [tʃek] *[tschek]*
Scheitern, Misserfolg	**failure** ['feɪljə] *[fäiljä]*
scheitern, aufschlüsseln	**break down** [breɪk 'daʊn] *[bräik-daun]*
Schleuderpreis	**knock-down price** ['nɒkdaʊ praɪs] *[nokdaun preis]*
schlichten	**arbitrate** [ɑːbɪtreɪt] *[ahbiträit]*
schließen, stilllegen	**close down** [kləʊz'daʊn] *[klous daun]*
Schlüssel…, Haupt…	**key** [kiː] *[kih]*
Schnäppchen, Handel	**bargain** ['bɑːgən] *[bahgäin]*
Schuld(en)	**debt** [det] *[det]*
schulden	**owe** [əʊ] *[ou]*
Schuldner(in), Debitor(in)	**debtor** ['detə] *[detä]*
Schutz, Absicherung	**hedge** ['hedʒ] *[hetsch]*
Schwankung, Fluktuation	**fluctuation** [flʌktjʊ'eɪʃn] *[flaktju-eischn]*
schwarzarbeiten	**moonlight** ['muːnlaɪt] *[muhnleit]*
Schwarzhandel, unerlaubter Handel	**illicit trade** [ɪ'lɪsɪt 'treɪd] *[i-lisit träid]*
Segment, Marktsegment	**segment** ['segmənt] *[segmänt]*
Sekretär(in)	**secretary** ['sekrətrɪ] *[sekrätri]*
Seminar, Workshop	**workshop** ['wɜːkʃɒp] *[wöhk-schop]*
senden, schicken	**dispatch** [dɪ'spætʃ] *[di-spätsch]*
Sendung	**consignment** [kən'saɪnmənt] *[kon-sainment]*
sich beraten	**consult** [kən'sʌlt] *[kon-salt]*

sich beschweren, *etw. beanstanden*	**complain** [kəm'pleɪn] *[käm-pleɪn]*
sich beteiligen, teilnehmen	**participate** [pɑː'tɪsɪpeɪt] *[pah-tisipäit]*
sich entschließen, beschließen	**determine** [dɪ'tɜːmɪn] *[di-töhmin]*
sich kümmern um, erledigen	**attend** [ə'tend] *[ä-tend]*
sinken, fallen, zurückgehen	**fall** [fɔːl] *[fohl]*
Situation, Position, Stellung	**position** [pə'zɪʃn] *[po-sischn]*
Soll, Belastung, Lastschrift	**debit** ['debɪt] *[debit]*
Sozialhilfe	**welfare** ['welfeə] *[welfeä]*
Sozialversicherung	**national insurance** *UK* ['næʃnəl ɪn'ʃʊərens] *[näschnel in-schuäräns]*
Spanne, Marge, Grenze	**margin** ['mɑːdʒɪn] *[mahdschin]*
Sparte, Abteilung	**division** [dɪ'vɪʒn] *[di-wischn]*
Spediteur, Absender	**forwarder** ['fɔːwədə] *[fohwödä]*
Spediteur, Frachtführer	**haulier** ['hɔːlɪə] *[hohliä]*
Spedition, Transporter, *Fracht, Transport*	**carrier** ['kærɪə] *[käriä]*
spekulieren	**speculate** ['spekjʊleɪt] *[spekjuläit]*
spenden	**donate** [dəʊ'neɪt] *[dou-näit]*
Sperrgut	**bulk cargo** [bʌlk 'kɑːgəʊ] *[balk kahgou]*
Spesen, (Un-)Kosten	**expenses** [ɪk'spensɪz] *[ikspensis]*
spezialisieren, sich auf (etw.)	**specialize (in sth.)** ['speʃəlaɪz] *[speschälais]*
stabil, fest	**firm** [fɜːm] *[föhm]*
stabilisieren	**stabilize** ['steɪbəlʊɪz] *[stäibälais]*
Stabilität	**stability** [stə'bɪlətɪ] *[stä-biläti]*
Standard	**standard** ['stændəd] *[ständäd]*
Standort, Lage	**location** [ləʊ'keɪʃn] *[lou-käischn]*
stark herabsetzen	**slash** [slæʃ] *[släsch]*
Stellvertreter(in)	**deputy** ['depjʊtɪ] *[depjuti]*
Steuern, Abgabe	**tax** [tæks] *[täks]*
Stiftung, Treuhand	**trust** [trʌst] *[trast]*
stilllegen, schließen	**close down** [kləʊz'daʊn] *[klous daun]*
stoppen, anhalten	**halt** [hɔːlt] *[hohlt]*

stornieren, absagen	**cancel** ['kænsl] *[känsl]*
strapazierfähig	**hard-wearing** [hɑːdˈweərɪŋ] *[hahd-weäring]*
Streik	**strike** [straɪk] *[straik]*
streiken	**strike** [straɪk] *[straik]*
Streit, Konflikt	**dispute** [dɪˈspjuːt] *[di-spjuht]*
streng, knapp (bemessen)	**teight** [taɪt] *[tait]*
Strom, Leistung	**power** ['paʊə] *[pauä]*
Stückgut	**mixed cargo** [mɪkst 'kɑːgəʊ] *[mikst kahgou]*
Studie, Umfrage	**survey** ['sɜːveɪ] *[söhväi]*
stündlich	**hourly** ['aʊəlɪ] *[auäli]*
stundenweise, in Teilzeit…	**part-time** ['pɑːttaɪm] *[pahtaim]*
Subvention, Beihilfe	**grant** [grɑːnt] *[grahnt]*
Subvention, Zuschuss	**subsidy** ['sʌbsədɪ] *[sabsädi]*
subventionieren	**subsidize** ['sʌbsɪdaɪz] *[sabsidais]*
Summe, Betrag	**sum** [sʌm] *[sam]*
System	**system** ['sɪstəm] *[sistem]*
System, Rahmen	**framework** ['freɪmwɜːk] *[fräimwöhk]*

T

Taktik	**tactics** *(pl)* ['tæktɪks] *[täktiks]*
Tarif, Preisverzeichnis, Zollgebühr	**tariff** ['tærif] *[tärif]*
tauschen	**exchange** [ɪksˈtʃeɪndʒ] *[iks-tschäindsch]*
Teilnahme, Beteiligung	**participation** [pɑːˈtɪsɪpeɪʃn] *[pah-tisipäischn]*
Teilnehmer(in)	**participant** [pɑːˈtɪsɪpənt] *[pah-tisipänt]*
Teilzeit…, stundenweise	**part-time** ['pɑːttaɪm] *[pahtaim]*
Terminkalender	**diary** ['daɪərɪ] *[daiäri]*
(den) Tiefpunkt erreichen	**bottom out** [bɒtəm 'aʊt] *[batäm aut]*
Tochter…, Neben…, Tochtergesellschaft	**subsidiary** [səbˈsɪdɪərɪ] *[sab-sidiäri]*
Tochtergesellschaft	**affiliated company** [əˈfɪlɪeɪtɪd 'kʌmpənɪ] *[ä-filiäitid 'kampäni]*
tragbar	**portable** ['pɔːtəbl] *[pohtebl]*

Transaktion, Geschäft	**transaction** [træn'zækʃn] *[trän-säkschn]*
transportieren, verschiffen	**ship** ['ʃɪp] *[schip]*
transportieren, befördern	**haul** [hɔːl] *[hohl]*
Transport, Beförderungsmittel	**transport** *UK* ['trænspɔːt] *[tränspoht]*
Treffen, Besprechung, Sitzung	**meeting** ['miːtɪŋ] *[mihting]*
Treuhand, Stiftung	**trust** [trʌst] *[trast]*

U

Überangebot, Überschuss	**surplus** ['sɜːpləs] *[söhplas]*
Überangebot	**glut** [glʌt] *[glatt]*
überarbeiten	**revise** [rɪ'vaɪz] *[ri-wais]*
überbieten	**outbid** [aʊt'bɪd] *[aut-bid]*
überfällig	**overdue** [əʊvə'djuː] *[ouvä-djuh]*
Übergewicht	**excess weight** [ɪkses weɪt] *[ikses wäit]*
überholt, veraltet	**outdated** [aʊt'deɪtɪd] *[aut-däitid]*
überladen, überlasten	**overload** [əʊvə'ləʊd] *[ouwä-loud]*
Übernahme	**takeover** ['teɪkəʊvə] *[täikouwä]*
übernehmen, bringen	**take** [teɪk] *[täik]*
überprüfen, erneut prüfen	**review** [rɪ'vjuː] *[ri-vjuh]*
Überprüfung, Kontrolle, Nachweis	**verification** ['verɪfɪ'keɪʃn] *[werifi-käischn]*
überschätzen, überbewerten	**overestimate** [əʊvər'estɪmeɪt] *[ouwer-estimäit]*
Überschuss, Überkapazität	**excess** [ɪk'ses] *[ik-ses]*
übertreffen	**exceed** [ɪk'siːd] *[ik-sihd]*
Übertretung, Verstoß	**breach** [briːtʃ] *[brihtsch]*
überwachen, beaufsichtigen	**supervise** ['suːpəvaɪz] *[superweis]*
überweisen, versetzen	**transfer** [træns'fɜː] *[träns-föh]*
Überweisung, Versetzung	**(bank) transfer** [bæŋk 'trænsfɜː] *[bänk tränsföh]*
überziehen (Konto)	**overdraw** [əʊvə'drɔː] *[ouwä-droh]*
Ultimatum	**ultimatum** [ʌltɪ'meɪtəm] *[alti-mäitäm]*
Umfang, Volumen	**volume** ['vɒljuːm] *[woljuhm]*
Umfrage, Studie	**survey** ['sɜːveɪ] *[söhväi]*

Umschulung	**retraining** [riːˈtreɪnɪŋ] *[rih-träining]*
umziehen, verlegen	**relocate** [riːləʊˈkeɪt] *[rihlou-käit]*
unbesetzt, frei, leer	**vacant** [ˈveɪkəntɪ] *[feikänt]*
unbezahlt	**unpaid** [ʌnˈpeɪd] *[an-päid]*
Unproduktivität	**inefficiency** [ɪnɪˈfɪʃnsɪ] *[ini-fischnsi]*
unterbezahlt	**underpaid** [ʌndəˈpeɪd] *[ander-päid]*
unterbieten	**undercut** [ʌndəˈkʌt] *[andä-kat]*
unternehmen, übernehmen	**undertake** [ʌndəˈteɪk] *[ander-täik]*
Unternehmen, Unternehmung	**enterprise** [ˈentəpraɪz] *[entäprais]*
Unternehmens…, Firmen…	**corporate** [ˈkɔːpərət] *[kohpäret]*
Unternehmer(in)	**entrepreneur** [ɒntrəprəˈnɜː] *[anträprä-nöhä]*
Unterschrift	**signature** [ˈsɪgnətʃə] *[signätschä]*
unterzeichnen, signieren	**sign** [saɪn] *[sain]*
Unterzeichnende(r)	**undersigned** [ʌndəˈsaɪnd] *[andä-saind]*
unverkäuflich	**unsaleable** [ʌnˈseɪləbl] *[an-sailäbl]*
unvoreingenommen, unparteiisch	**unbiased** [ʌnˈbaɪəst] *[an-baiäst]*
unwirtschaftlich	**uneconomical** [ʌniːkəˈnɒmɪkl] *[anihkä-nomikl]*
Urkunde, Dokument	**document** [ˈdɒkjʊmənt] *[dokjumänt]*
Urlaub	**holiday** [ˈhɒlədeɪ] *[holidäi]*
Urlaub	**leave** [liːv] *[lihf]*
urteilen, erachten	**judge** [dʒʌdʒ] *[dschadsch]*

V

veraltet, überholt	**outdated** [aʊtˈdeɪtɪd] *[aut-däitid]*
Veranstalter(in), Förderer, Förderin	**promoter** [prəˈməʊtə] *[prä-moutä]*
verbessern, aufwerten	**enhance** [ɪnˈhɑːns] *[in-hahns]*
Verbesserung, Besserung	**improvement** [ɪmˈpruːvmənt] *[im-pruhfmänt]*
verbinden (Telefon)	**put through** [pʊt ˈθruː] *[put sruh]*
Verbindlichkeit, Haftung	**liability** [laɪəˈbɪlətɪ] *[laiä-biläti]*
Verbrauch, Verzehr	**consumption** [kənˈsʌmpʃn] *[kon-samptschn]*

verbrauchen, konsumieren	**consume** [kən'sjuːm] *[kon-sjuhm]*
(ver)brauchen, ausgeben	**spend** [spend] *[spend]*
Verbraucher(in)	**consumer** [kən'sjuːmə] *[kon-sjuhmä]*
Vereinbarung, Abmachung	**understanding** [ʌndə'stændɪŋ] *[andä-ständing]*
Vereinigung, Verband, Gewerkschaft	**union** ['juːnjən] *[juhnjän]*
Verfahren, Methode	**method** ['meθəd] *[mesäd]*
Verfahren, Prozess	**process** ['prəʊses] *[prouses]*
Verfahrensweise, Politik	**policy** ['pɒləsɪ] *[poläsi]*
verfügbar, erreichbar	**available** [ə'veɪləbl] *[ä-wäiläbl]*
(sich) vergrößern, expandieren	**expand** [ik'spænd] *[ik-spänd]*
Verkauf, Abschluss	**sale** [seɪl] *[säil]*
verkaufen	**sell** [sel] *[sel]*
Verkäufer	**salesman** ['seɪlzmən] *[säilsmän]*
Verkäufer	**seller** [selə] *[sellä]*
Verkäuferin	**saleswoman** ['seɪlzwʊmən] *[säilswumän]*
Verkaufserfolg	**money-maker** ['mʌnɪmeɪkə] *[manni-mäikä]*
verklagen, Klage erheben	**sue** [suː] *[suh]*
verkleinern, verringern	**downsize** ['daʊnsaɪz] *[daunseis]*
Verlängerung, Durchwahl	**extension** [ɪk'stenʃn] *[ik-stennschn]*
verlegen, umziehen	**relocate** [riːləʊ'keɪt] *[rihlou-käit]*
verleihen	**loan** [ləʊn] *[loun]*
verleihen (Geld)	**lend** ['lend] *[lend]*
Verlust	**loss** [lɒs] *[loss]*
vermarkten, kommerzialisieren	**commercialize** [kə'mɜːʃlaɪz] *[ko-möhschlais]*
Vermerk, Mitteilung	**memorandum** [memə'rændəm] *[memä-rändäm]*
vermieten	**let** [let] *[let]*
vermieten, verpachten	**lease** [liːs] *[lihs]*
Vermittler(in), Mittelsmann	**intermediary** [ɪntə'miːdɪərɪ] *[inter-mihdiäri]*
Vermögen, Kapital	**capital** ['kæpɪtl] *[käpitl]*
Vermögenswert, Aktiva	**asset** ['æset] *[äset]*
verpflichtend, obligatorisch	**obligatory** [ə'blɪɡətrɪ] *[o-bligätri]*
verpflichtet, haftbar	**liable** ['laɪəbl] *[laiäbl]*

Verpflichtung, Pflicht	**obligation** [ɒblɪˈgeɪʃn] *[obli-gäischn]*
Verpflichtung, Termin	**engagement** [ɪnˈgeɪdʒmənt] *[in-gäidschmänt]*
Versagen, Betriebsstörung	**breakdown** [ˈbreɪkdaʊn] *[bräikdaun]*
versagen, schlecht funktionieren	**malfunction** [mælˈfʌŋkʃn] *[mäl-fangkschn]*
Versand, Sendung	**dispatch** [dɪˈspætʃ] *[di-spätsch]*
Versand…	**mail-order** [ˈmeɪlɔːdə] *[mäilohdä]*
verschieben, aufschieben	**postpone** [pəˈspəʊn] *[pä-spoun]*
verschieben, aufschieben	**put off** [pʊt ˈɒf] *[put of]*
verschieben	**delay** [dɪˈleɪ] *[di-lai]*
verschicken (mit der Post)	**post** UK [pəʊst] *[poust]*
verschmelzen, fusionieren	**amalgamate** [əˈmælgəmeɪt] *[ä-mälgämäit]*
Verschmutzung	**pollution** [pəˈluːʃn] *[po-luhschn]*
Verschwendung	**waste** [weɪst] *[wäist]*
versenden	**consign** [kənˈsaɪn] *[kon-sain]*
versenden, schicken	**dispatch** [dɪˈspætʃ] *[di-spätsch]*
Versicherung	**insurance** [ɪnˈʃʊərəns] *[in-schuäräns]*
Versorgung, Lieferung	**supply** [səˈplaɪ] *[sä-plai]*
verstaatlichen	**nationalize** [ˈnæʃnəlaɪz] *[näschnelais]*
Verstaatlichung	**nationalization** [næʃnəlaɪˈzeɪʃn] *[näschnelai-säischn]*
Verstoß, Übertretung	**breach** [briːtʃ] *[brihtsch]*
Vertrag, Vereinbarung	**contract** [kənˈtrækt] *[kon-träkt]*
vertraglich, Vertrags…	**contractual** [kənˈtræktʃʊəl] *[kon-träktschuäl]*
vertreiben, vermarkten	**market** [ˈmɒːkɪt] *[mahkit]*
Vertretung	**representation** [reprɪzenˈteɪʃn] *[represen-täischn]*
Vertrieb	**distribution** [dɪstrɪˈbjuːʃn] *[distri-bjuschn]*
Verwaltung, Regierung	**administration** [ədmɪnɪˈstreɪʃn] *[ädmini-sträischn]*
verwerten, ausnutzen	**utilize** [ˈjuːtɪlaɪz] *[juhtilais]*
Verzögerung, Rückstand	**lag** [læg] *[läg]*
Verzögerung	**hold-up** [ˈhəʊldʌp] *[houldap]*

(ein) Veto gegen etw. einlegen	**veto sth.** ['viːtəʊ] *[wihtou]*
Videokonferenz	**video conference** ['vɪdɪəʊ 'kɒnfərəns] *[widiou konfäräns]*
Vielfalt, Auswahl	**variety** [vəˈraɪətɪ] *[wä-reiäti]*
Vierteljahr, Viertel…	**quarter** ['kwɔːtə] *[kwohtä]*
Visitenkarte	**business card** ['bɪznɪs kɒːd] *[bisnis kahd]*
Visum	**visa** [ˈviːzə] *[wihsä]*
Volkswirtschaft, Ökonomie	**economics** [ɪˈkɒnəmɪks] *[i-kanämiks]*
Volkswirtschaftler(in)	**economist** [ɪˈkɒnəmɪst] *[i-kanämist]*
vollstrecken, durchsetzen	**inforce** [ɪnˈfɔːs] *[in-fohs]*
Vollzeit, hauptberuflich, full-time	**full-time** [fʊlˈtaɪm] *[ful-taim]*
Vorauszahlung	**advance payment** [ədˈvɑːns ˈpeɪmənt] *[äd-wahns päimänt]*
Vorführung, Auslage	**display** [dɪˈspleɪ] *[di-spläi]*
vorher abmachen, vorher bestimmen	**prearrange** [priːəˈreɪndʒ] *[prihä-räindsch]*
Voraussage, Vorhersage	**forecast** ['fɔːkɑːst] *[foäkahst]*
Vorkaufsrecht, Option	**option** ['ɒpʃn] *[opschn]*
Vorlage, Präsentation	**presentation** [preznˈteɪʃn] *[presn-täischn]*
vorläufig, Interims…, Zwischenzeit	**interim** ['ɪntərɪm] *[interim]*
Vorrat, Bestand	**stock** [stɒk] *[stok]*
Vorschlag	**proposal** [prəˈpəʊzl] *[prä-pousl]*
Vorsichtsmaßnahme	**precaution** [prɪˈkɔːʃn] *[pri-kohschn]*
Vorsitz	**chair** [tʃeə] *[tscheä]*
(den) Vorsitz haben über	**preside over** [prɪˈzaɪd əʊvə] *[pri-said ouwä]*
Vorstand, Direktorium	**board** [bɔːd] *[boad]*
vorstellen, einführen	**introduce** [ɪntrəˈdjuːs] *[inträ-djuhs]*
Vorstellungsgespräch, Interview	**interview** ['ɪntəvjuː] *[intervjuh]*
Vorstellungsgespräch	**job interview** ['dʒɒb ˈɪntəvjuː] *[dschob intävjuh]*
vorverlegen, übertragen	**bring forward** [brɪŋ 'fɔːwəd] *[bring fohwed]*

W

wachsen, zunehmen	**grow** [grəʊ] *[grou]*
Wachstum, Zunahme	**growth** [grəʊθ] *[grous]*
Währung	**currency** ['kʌrənsɪ] *[karrensi]*
Ware	**merchandise** ['mɜːtʃndaɪz] *[möhtschndais]*
Waren, Güter	**goods** *(pl)* [ɡʊdz] *[guds]*
Warnung, Benachrichtigung	**warning** ['wɔːnɪŋ] *[wohning]*
warten, aufrechterhalten	**maintain** [meɪn'teɪn] *[mäin-täin]*
weiterentwickeln, erschließen	**develop** [dɪ'veləp] *[di-weläp]*
Welthandel	**world trade** [wɜːld 'treɪd] *[wöhld träid]*
Weltmarktführer	**world leader** [wɜːld 'liːdə] *[wöhld lihdä]*
Weltmarktpreis	**world market price** ['wɜːld mɑːkɪt 'praɪs] *[wöhld mahkit prais]*
weltweit, global	**global** ['ɡləʊbl] *[gloubl]*
Wende, Wendung	**turnaround** ['tɜːnəraʊnd] *[töhnäraund]*
Werbegeschenk	**giveaway** ['ɡɪvəweɪ] *[giväwäi]*
werben, gewinnen	**recruit** [rɪ'kruːt] *[ri-kruht]*
werben für, annoncieren, inserieren	**advertise** ['ædvətaɪz] *[ädvätais]*
werben für, befördern	**promote** [prə'məʊt] *[prä-mout]*
Werbung (Radio, TV)	**commercial** [kə'mɜːʃl] *[ko-möhschl]*
Werbung	**advertising** ['ædvətaɪzɪŋ] *[ädwätaising]*
Werbung	**promotion** [prə'məʊʒn] *[prä-mouschn]*
Werbung, Personalbeschaffung	**recruitment** [rɪ'kruːtmənt] *[ri-kruhtment]*
Werbung, Publicity	**publicity** [pʌb'lɪsətɪ] *[pab-lisety]*
Werk, Anlage	**plant** [plɑːnt] *[plahnt]*
Werk, Fabrik	**factory** ['fæktərɪ] *[fäktäri]*
Werk, Fabrik	**works** *(pl)* [wɜːks] *[wöhks]*
Werkstatt, Seminar	**workshop** ['wɜːkʃɒp] *[wöhk-schop]*
Wert	**value** ['væljuː] *[wäljuh]*
wertvoll, Wertsache	**valuable** ['væljʊəbl] *[wähljuäbl]*
Wettbewerb, Konkurrenz	**competition** [kɒmpə'tɪʃn] *[kompe-tischn]*

wieder (er)öffnen,	
wieder aufnehmen	**reopen** [riː'əupən] *[rih-oupän]*
Widerstandsfähigkeit	**durability** [djuərə'bılətı] *[djuärä-biläti]*
Wirtschaft, Ökonomie	**economy** [ı'kɒnəmı] *[i-konomi]*
Wirtschafts..., Konjunktur...	**economic** [iːkə'nɒmik] *[ihkä-nomik]*
Wirtschaftsprüfer(in)	**auditor** ['ɔːdıtə] *[ohditä]*
Wohlstand	**prosperity** [prɒ'sperətı] *[pro-späriti]*
Wohnungsbau	**housing construction** ['hauzıŋ kən'strʌkʃn] *[hausing kon-strakschn]*
Wucher, Preistreiberei	**profiteering** [prɒfı'tıərı] *[profi-tiäring]*

Z

Zahl, Ziffer, Figur	**figure** ['fıgə] *[figä]*
zahlen, bezahlen	**pay** [peı] *[päi]*
Zahlung, Bezahlung	**payment** ['peımənt] *[päimänt]*
Zahlungsanweisung	**draft** [drɑːft] *[drahft]*
zahlungsfähig	**solvent** ['sɒlvənt] *[solwent]*
Zahlungsfähigkeit	**solvency** ['sɒlvənsı] *[solwensi]*
Zahlungsmittel	**means of payment** ['miːnz əv 'peımənt] *[mihns of päimänt]*
Zahlungsmittel, Angebot	**tender** ['tendə] *[tendä]*
zahlungsunfähig	**insolvent** [ın'sɒlvənt] *[in-salvänt]*
Zeichen, Gutschein	**token** ['təukən] *[touken]*
zeitlicher Rahmen	**timescale** ['taımskeıl] *['taimskäil]*
Zeitschrift, Journal	**journal** ['dʒɜːnl] *[dschohnl]*
Zeitspanne, Periode	**period** ['pıərıəd] *[piäriäd]*
Zentrale, Hauptgeschäftsstelle	**head office** [hed'ɒfis] *[hed-ofis]*
Zentrale, Hauptsitz	**headquarters** [hed'kwɔːtəz] *[hed-kwohtäs]*
zerbrechlich	**fragile** ['frædʒaıl] *[frädschail]*
Zeugnis, Referenz	**reference** ['refrəns] *[refräns]*
Zielgruppe	**target group** ['tɑːgıt gruːp] *[tahgit gruhp]*
Zinsen, Anteil, Beteiligung	**interest** ['ınterest] *[interest]*
Zoll, Abgabe, Pflicht	**duty** ['djuːtı] *[djuhti]*

Zoll, Gebühr, Maut	**toll** [təʊl] *[toul]*
Zoll	**customs** *(pl)* ['kʌstəmz] *[kastäms]*
Zufuhr, Zufluss	**influx** ['ɪnflʌks] *[inflaks]*
Zugeständnis, Konzession	**concession** [kən'seʃn] *[kon-seschn]*
zum Abschluss bringen	**finalize** ['faɪnəlaɪz] *[fainälais]*
Zunahme, Wachstum	**growth** [grəʊθ] *[grous]*
zunehmen, erhöhen, anheben	**increase** [ɪn'kriːs] *[in-krihs]*
zunehmen, wachsen	**grow** [grəʊ] *[grou]*
zuordnen, zuweisen	**allocate** ['æləkeɪt] *[älokäit]*
zurückerstatten, ersetzen	**reimburse** [riːɪm'bɜːs] *[rih-im-böhs]*
zurückgeben, ablehnen	**decline** [dɪ'klaɪn] *[di-klain]*
zurückrufen	**recall** [rɪ'kɔːl] *[ri-kohl]*
zurücksenden	**return** [rɪ'tɜːn] *[ri-töhn]*
zurücktreten, kündigen	**resign** [rɪ'zaɪn] *[ri-sain]*
zusammenarbeiten	**collaborate** [kəlæbəreɪt] *[kolaboräit]*
zusammenrechnen	**total** ['təʊtl] *[toutl]*
Zusatzkosten, Extras	**extras** *(pl)* ['ekstrəz] *[eksträs]*
zusätzliche Leistungen (Gehalt)	**fringe benefits** *(pl)* ['frɪndʒ 'benɪfɪts] *[frinsdch benifits]*
Zuschlag	**surcharge** ['sɜːtʃɑdʒ] *[söhtschadsch]*
Zuschuss, Subvention	**subsidy** ['sʌbsədɪ] *[sabsədi]*
Zustand	**condition** [kən'dɪʃn] *[kän-dischn]*
zustellen, liefern	**deliver** [dɪ'lɪvə] *[di-livä]*
Zustimmung, grünes Licht	**go-ahead** ['gəʊəhed] *[gouähed]*
Zustimmung	**consent** [kən'senz] *[kän-sent]*
zuweisen, beauftragen	**assign** [ə'saɪn] *[ä-sain]*
zwanglos, informell	**informal** [ɪn'fɔːml] *[in-fohml]*
Zwischenbericht	**progress report** ['prəʊgres rɪ'pɔːt] *[prougres ri-poht]*

Oliver Geisselhart,
Deutschlands führender Mentaltrainer, laut ZDF,

ist einer der erfolgreichsten Mental- und Gedächtnistrainer in Europa. Er war bereits mit 16 Jahren, Europas jüngster Gedächtnistrainer. Der Autor von 14 Büchern ist Top 100 Speaker und Universitäts-Lehrbeauftragter und -Gastdozent. Oliver Geisselhart ist bekannt durch über 3.000 Zeitungs-, Radio- und Fernsehberichte. In nahezu comedyhafter Vortragsweise fasziniert der »Fahrlehrer für's Gehirn« (Wirtschaftswoche) jährlich zigtausende begeisterte Teilnehmer.

Diese erhalten in seinen Vorträgen und Seminaren funktionierende Mental-Techniken für sofortige Erfolge. Manager, Verkäufer, Politiker und Promis wurden und werden durch seine Techniken noch erfolgreicher, überzeugender und souveräner. Dies und seine hervorragenden Speaker-Leistungen brachte Oliver Geisselhart bereits zahlreiche Awards wie z.B. dreimal in Folge den »Conga-Award« ein.

Bekannt durch ARD, ZDF, RTL, VOX, HR3, SWR1, Bild, Capital, FAZ, Freundin, Die Welt usw., wird Oliver Geisselhart weltweit von Firmen wie Bosch, IBM, DekaBank, BASF, Microsoft, Lufthansa, BMW u.v.a.m. für Mitarbeiter- und Kundenveranstaltungen gebucht. Dabei fasziniert er die Teilnehmer in nahezu comedyhafter Vortragsweise.

Stimmen zu Oliver Geisselhart

»Ihr Vortrag war der beste, den ich je erlebte.« Stefan Janoske, INPERSO GmbH.

»Ich habe gelacht und gelernt. Und das mit über 2000 anderen, Kompliment.« Massimo Gallo, Zeppelin University.

»... waren unsere 200 Verkäufer von Ihnen, dem Vortragsinhalt und Ihrer motivierendentertainigen Art begeistert.« Detlef Schmidt-Wilkens, Tecis-Finanzdienstleistungen AG

»... die Teilnehmeranzahl von 1100 Personen hat alle vorherigen Veranstaltungen um 30 Prozent übertroffen. Diese beeindruckende Steigerung hat sicher mit Ihrer Person und dem attraktiven Thema zu tun.« Michael Kaiser, Volksbank Backnang eG

Vortragsanfragen bitte an:
TEAMGEISSELHART GmbH
Tel.: +49 (0) 231952567-92 • E-Mail: info@kopferfolg.de • www.kopferfolg.de

Audio-DVD-Selbstlehrgang: »Dein Weg zum Erfolg«

Wie Dir Dein Gehirn hilft, Deine Ziele zu erreichen und das Leben Deiner Träume zu leben!

Mit dem »Dein Weg zum Erfolg!«-DVD-Paket lernen Sie: Neurowissenschaftliche Mentalstrategien für Ihren Erfolg kennen, Strategien für Ihr Persönlichkeitswachstum und 3 Dinge, die Sie bisher vom Erfolg abhielten.

Außerdem lernen Sie die beste Technik um wichtige Personen und deren Namen schnell und sicher abzuspeichern. Namen-Merken ist eine der wichtigsten Eigenschaften von erfolgreichen Menschen.

- Auswirkungen ›geistiger Schallplatten‹
- Zugang zu Ihren unbewussten Fähigkeiten und Mindsets
- Wie Sie Ihre richtigen Ziele finden, formulieren UND: erreichen!
- Namen und Gesichter behalten leicht gemacht

Buch: »Souverän freie Reden halten«

Endlich: Ohne Spickzettel Reden halten

Mit der Power der Memo-Rhetorik ergeben sich für Sie folgende Vorteile:

- Präsentationen, Vorträge, absolut frei, souverän und sicher vortragen
- sämtliche Argumente und Stichpunkte zu speichern
- schwierige Fachbegriffe, Fremdwörter, Vokabeln oder Namen
- auf Zwischenrufe, Einwände und sonstige Unterbrechungen können Sie sofort, entspannt und sicher reagieren, ohne den roten Faden zu verlieren
- Ihre Vorbereitungszeit für eine Rede oder ein Gespräch ist nach diesem Buch wesentlich geringer

Das Buch, das Sie in die Lage versetzt »Souverän freie Reden zu halten«. Mit der »Power der Memo-Rhetorik« ist dies möglich.

Inklusive Übungs-CD-ROM

Buch: »Kopf oder Zettel?«

Ihr Gedächtnis kann wesentlich mehr, als Sie denken!

Sie lernen schnell, einfach und spielerisch:

sich Namen und Gesichter sofort zu merken; Fachliteratur und Infos zu speichern; Reden bzw. Vorträge frei zu halten; Vokabeln und Fachbegriffe sicher abzuspeichern; Argumente und Einwandbehandlung immer parat zu haben; Ihren Terminkalender im Kopf zu haben; sich die besten Witze zu merken; Ihre Konzentration zu verbessern; Ihre Kreativität zu steigern.

Mit der beiliegenden CD-ROM trainieren Sie in drei lernfreundlichen 15-Minuten-Einheiten interaktiv am PC und erleben Oliver Geisselhart in einem Kurzvortrag live. Zusätzlich erhalten Sie auf der CD zahlreiche Praxis-Features zum Ausdrucken.

Gleich anfordern auf www.kopferfolg.de

SEMINAR-TIPP
Erlebe Oliver Geisselhart zwei Tage live!

- **Wenn Du Dein geistiges Potenzial ausbauen willst,**

- **wenn Du Dir in Zukunft alles merken können möchtest,**

- **wenn Du Deine Ziele mit Hilfe Deines Gehirns schneller und leichter erreichen willst dann:**

Komm zum BRAINDAY!

An den Braindays kommst Du direkt zu Deiner Umsetzung! Du erarbeitest direkt im Seminar die für Dich richtigen Ziele und **Deinen Zielerreichungs-Plan!**

Nie war es einfacher und günstiger die **effektivsten Erfolgs- und Mentaltechniken direkt praktisch** kennenzulernen. Mit diesen **genialen Mentaltechniken** kannst Du Deine Zukunft aktiv und erfolgreich so gestalten, wie Du sie Dir wünschst.

Mache den ersten Schritt in die Praxis am BRAINDAY!
Infos und Anmeldung: www.brainday-seminar.de

VORZUGSPREIS nur 50,- € (statt 115 €)

Helmut Lange

Diplom-Pädagoge und Diplom-Sozialpädagoge Helmut Lange ist Seminarleiter und Trainer in den Bereichen Teamcoaching, Selbstmanagement und Gedächtnistraining in Deutschland und Österreich. Er hat einen Lehrauftrag an der Universität Nürnberg. Als Veranstalter von Gedächtnismeisterschaften und als Gedächtnistrainer zeigt er jedes Mal auf beeindruckende Weise, wie mit nur wenigen Stunden Training die Gedächtnisleistung sprunghaft ansteigt.

Nach einem Besuch seiner Infotainment-Seminare sind 200 bis 400 Prozent Steigerung der Gedächtnisleistung an der Tagesordnung. Dabei vermittelt er Lernmethoden, die schon seit Hunderten von Jahren existieren und erst jetzt wieder zu neuem Leben erweckt werden.

Top-Seminare zum Thema:

Lernen wie die Gedächtnisweltmeister

Seminar für Lehrer: Wie trainiere ich meine Schüler?

Effektiver Umgang mit der Informationsflut

Seminar für Firmen: Informationen schneller und dauerhafter abspeichern

Kontakt:

Helmut Lange
Bamberger Str. 17a
96049 Bamberg
0171 4588027
info@langewissen.de
www.langewissen.de